ÉTUDES

SUR LES

RÉFORMES ALGÉRIENNES

PAR

M. Germain SABATIER

Avoué

Diplomé pour la langue arabe

Maire de Tlemcen

ORAN

IMPRIMERIE TYPOGRAPHIQUE ET LITHOGRAPHIQUE PAUL PERRIER

15, Boulevard Oudinot, 15

1891

ÉTUDES

SUR LES

RÉFORMES ALGÉRIENNES

PAR

M. Germain SABATIER

AVOUÉ

DIPLOMÉ POUR LA LANGUE ARABE

MAIRE DE TLEMCEN

ORAN

IMPRIMERIE TYPOGRAPHIQUE ET LITHOGRAPHIQUE PAUL PERRIER

15, Boulevard Oudinot, 15

1891

AVANT-PROPOS

Je n'aurais pas osé dire mon avis sur quelques unes des questions Algériennes, si je n'avais eu pour me guider les travaux d'hommes aussi remarquables par le caractère, que distingués par le savoir. Ce que cette étude peut avoir de bon, je le leur dois. Je manquerais de reconnaissance et de probité, si je n'inscrivais à cette première page le nom de M. Kasimirski dont j'ai emprunté pour les citations du Koran, l'excellente traduction ; si je ne rendais hommage à la mémoire de M. le premier président Sautayra, de M. Seignette qui ont été, en Algérie, les restaurateurs du droit musulman.

Monsieur le premier président Zeys a continué leur œuvre. Jurisconsulte, arabisant, littérateur, il a ramené à des principes généraux les solutions éparses dans les commentateurs arabes et tracé, à grands traits, la critique philosophique de la loi musulmane.

Bien téméraire serait celui qui aborderait la question de la propriété en Algérie, sans puiser largement dans les excellents ouvrages de MM. Dareste et Robe et dans les savantes monographies insérées dans la *Revue Algérienne et Tunisienne*, publiée par l'école de Droit d'Alger.

Tels sont les hommes dont je m'enorgueillis d'être l'élève. Heureux serai-je si ce modeste essai mérite leur attention.

PREMIÈRE PARTIE

LE KORAN

ET

L'ORGANISATION DE LA FAMILLE MUSULMANE

———✕———

LE KORAN

ET

L'ORGANISATION DE LA FAMILLE MUSULMANE

———✕———

CHAPITRE PREMIER

———

La race Arabe. — Mahomet. — Le Koran. — Ses principes généraux. — Quels sont les Fidèles. — Quels sont les Infidèles.

En écrivant ces quelques pages, je ne veux point faire œuvre de polémique. Quand les questions algériennes sollicitent, au plus haut degré, l'attention du Parlement, il est du devoir de chacun de nous de faire part de ses observations et de consigner, pour ainsi dire, au dossier, les documents qu'il a pu réunir.

La lecture attentive de la discussion dont l'Algérie a été récemment l'objet, laisse une impression confuse. A des faits isolés on a opposé des faits isolés ; mais, il faut le reconnaître, pas un principe général n'a été formulé, pas un programme n'a été proposé. A quelle cause attribuer ce résultat, fait pour surprendre, si l'on tient compte de la haute valeur et de l'absolue bonne foi des orateurs qui ont pris part à la discussion ?

La situation que la France doit faire aux indigènes a provoqué surtout la sollicitude du Sénat. La France a-t-elle failli à sa mission civilisatrice ? A-t-elle fait ce qu'elle devait pour assurer la conquête morale des indigènes ? Pouvait-elle faire plus ou mieux qu'elle n'a fait ? Ces questions ont été posées mais n'ont pas été résolues. Il me parait logique avant de les aborder de rechercher quels sont les caractères distinctifs de la population indigène, quels sont les principes sociaux qui ont assuré son évolution passée, quelles énergies elle peut mettre en œuvre, quels points de contact elle présente avec la population européenne.

Il est une remarque que je tiens à faire dès maintenant. Je ne connais de l'Algérie que la province d'Oran. Les tribus au milieu desquelles j'ai vécu sont d'origine arabe ou, si elles sont d'origine kabyle, ont été tellement pénétrées par l'élément arabe qu'elles n'ont conservé que de légères traces de leur caractère primitif.

J'ai visité la Kabylie, en touriste. J'ai beaucoup interrogé et beaucoup écouté ; mais cette étude rapide ne saurait me donner le droit de parler de la Kabylie et des kabyles. C'est surtout en Algérie qu'il est sage de se méfier des apparences et des notions que l'on n'acquiert qu'en courant.

La race arabe n'est qu'un rameau de la branche sémitique. Avant Mahomet, alors que les tribus qui la constituaient promenaient leurs troupeaux à travers les déserts de l'Arabie, rien ne faisait prévoir le prodigieux développement qu'elle atteindrait un jour, et la formidable poussée qu'elle donnerait au vieux monde.

Mahomet, l'un des législateurs les plus puissants dont s'honore l'humanité, conçut le projet de réunir en un seul faisceau les tribus de l'Arabie, divisées jusque là par des querelles incessantes, de les doter d'une religion nouvelle appropriée à leurs besoins et à leurs mœurs et de les lancer, fortes de leur enthousiasme religieux, et riches de l'intrépidité que donne le fatalisme, sur les nations épuisées du Bas-Empire.

C'est lui qui a constitué le monde musulman ; et ce monde musulman n'est que le développement normal et régulier, dans les faits, des prescriptions impératives et des principes généraux consignés dans le Koran. Jamais religion ne sût lier ses disciples de chaines plus solides, et rattacher plus étroitement aux prescriptions religieuses, les moindres faits de la vie civile ou sociale. Le Koran est tout à la fois, le code religieux, le code international, le code civil et le code pénal des musulmans. Il a donné l'unité de langue, d'organisation civile et sociale à des populations qui différaient par la race et le passé. Pour les populations qui l'ont adopté, la communauté de religion a remplacé la communauté d'origine et tenu lieu aux Sémites du principe de nationalité qui semble incompatible avec leurs habitudes nomades et leurs mœurs patriarchales.

Un autre caractère du Koran, l'immuabilité de l'ordre social qu'il a créé, a été admirablement mis en lumière par M. Seignette.

« Le fait considérable et dominant toute la législation est le » caractère divin qu'elle puise dans le Koran, dont elle est » l'expression.

« Dans la Société antique, toute loi était nécessairement divine » et par suite immuable ; l'humanité ne se reconnaissait pas le » droit de se régir et de légiférer. Aussi tous les codes primitifs » eurent-ils le caractère de Révélations ; mais depuis le jour où » le peuple Romain, retiré sur le Mont Aventin, eùt arraché à ses » pontifes et à ses patriciens le pouvoir de faire la loi et eùt gravé » sur la XII table ce principe : *Quodcumque postremum populus* » *jussisset, id jus ratumque esset*, le droit des peuples et des » souverains de faire et d'abroger leurs lois fùt fondé dans le » monde, la séparation du temporel et du spirituel commença et » les chemins du progrès furent ouverts.

« L'Évangile avait formellement reconnu ce principe (1) et, » lors de la venue de Mahomet, le monde était maître de ses » destinées futures. Mais le Koran refit la loi immuable. Il » attacha de nouveau le mouvement à l'immobilité, plaça à un » point fixe l'idéal de l'humanité et confondit en une seule et » même chose l'État, la religion et la loi. L'Islamisme tourna le » dos à l'Avenir et la face au Passé. »

Ces observations ne démontrent-elles pas qu'avant de chercher la solution des problèmes algériens, il importe de se rendre un compte exact des prescriptions koraniques qui régissent les relations que les musulmans peuvent avoir avec les Infidèles. Tenter l'assimilation des indigènes dans une mesure plus large que ne le permet le Koran, serait s'exposer à un grave échec et courir de sérieux dangers. Je me propose de signaler les prescriptions koraniques qui se rattachent à cette question.

------

(1) Évangile selon SAINT LUC, ch. XII, ver. 14.

Quels sont les Infidèles

Le premier chapitre du Koran est une prière adressée à Dieu, maître de l'univers. Elle trace une ligne de démarcation entre les disciples du Prophète et les sectateurs des autres religions :

« Dirige nous dans le sentier droit. » Ver. 5.

« Dans le sentier de ceux que tu as comblés de tes bienfaits. » Ver. 6.

« Non pas de ceux qui ont encouru la colère ni de ceux qui s'égarent. » Ver. 7.

Les commentateurs sont unanimes à reconnaître que le sentier droit est celui que le Koran a tracé et que suivent les Fidèles. Ceux que Dieu a comblés de ses bienfaits sont ses envoyés et ses prophètes. Ceux qui ont encouru la colère divine sont les Juifs ; les Chrétiens sont des égarés.

Mahomet a traité les Chrétiens avec un certain ménagement et s'est montré moins sévère pour eux que pour les Juifs. Ceux-ci, il est vrai, ont été pour lui les ennemis de la première heure. Les tribus arabes avaient des relations peu suivies avec les populations chrétiennes et se trouvaient au contraire en contact incessant avec les tribus juives de l'Arabie. Celles-ci furent les premières à mettre en doute la mission du Prophète. Telle est la cause de l'indulgence relative de Mahomet pour les Chrétiens.

« Tu reconnaîtras que ceux qui nourrissent la haine la plus violente contre les Fidèles sont les juifs et les idolâtres et que ceux qui sont le plus disposés à aimer les Fidèles sont les hommes qui se disent Chrétiens ; c'est parce qu'ils ont des prêtres et des moines et parce qu'ils sont sans orgueil. » Ch. V, ver. 85.

« Lorsqu'ils entendent les versets du Koran, tu verras des larmes s'échapper, en abondance, de leurs yeux car ils ont connu la vérité. Ils s'écrient : O Seigneur ! nous croyons. Inscris-nous au nombre de ceux qui rendent témoignage de la vérité du Koran. » Ver. 86.

Mais il faut le dire, et plus loin je le démontrerai sans peine, cette indulgence est de pure forme. Cependant Mahomet sépare nettement les Idolâtres des disciples du Livre, des gens des Ecritures, c'est-à-dire des Juifs et des Chrétiens. Les gens du Livre ont reçu une partie de la Révélation ; leur tort est de ne pas l'accepter tout entière, d'altérer les Ecritures et surtout de méconnaître la mission du Prophète.

« Nous avons accepté aussi l'alliance de ceux qui disent : nous sommes Chrétiens ; mais ceux-là aussi ont oublié une partie de ce qui leur fut enseigné. Nous avons suscité au milieu d'eux l'inimitié et la haine qui doivent durer jusqu'au jour de la résurrection. Dieu leur apprendra ce qu'ils ont fait. » Chap. V, ver. 17.

On trouve dans le Koran quelques rares versets empreints d'un sentiment de tolérance à l'égard des religions juive et chrétienne. Il importe de les faire connaître, ainsi que l'interprétation qui leur a été donnée par les commentateurs et par Mahomet lui-même :

« Certes ceux qui croient et ceux qui suivent la religion juive, et les Chrétiens et les Sabéens, en un mot quiconque croit en Dieu et au jour dernier et qui aura fait le bien, tous ceux-là recevront une récompense de leur Seigneur ; la crainte ne descendra point sur eux et ils ne seront affligés. » Chap. II, ver. 59.

« Les Juifs, les Sabéens, les Chrétiens, en un mot quiconque croira en Dieu et au jour dernier et qui aura fait le bien, ceux-là seront exempts de toute crainte et ne seront point affligés. »

« Tous ceux qui ont reçu les Ecritures ne se ressemblent pas. Il en est dont le cœur est droit. Ils passent des nuits entières à réciter les enseignements de Dieu et à l'adorer. Ils croient en Dieu et au jour dernier, ils ordonnent le bien et défendent le mal. Ils courent vers les bonnes œuvres à l'envi les uns des autres. Ils sont vertueux. » Chap. III, ver. 109 et 110.

Ces versets semblent admettre que le salut est assuré à tous ceux dont la religion fait un dogme de l'unité de Dieu, de la croyance à la vie future et de l'accomplissement des bonnes œuvres. Les commentateurs ont repoussé cette interprétation libérale. Mahomet lui-même a abrogé ces préceptes de tolérance :

« Quiconque désire un autre culte que la résignation à la volonté de Dieu (Islam) ce culte ne sera pas reçu de lui et il sera dans l'autre monde, du nombre des malheureux. »

Les versets qui prêchent la tolérance ne peuvent s'appliquer qu'aux Chrétiens et aux Juifs qui ont ignoré la venue du Prophète et n'ont pu par conséquent se convertir à l'Islam. Mahomet a pris le plus grand soin de rattacher la religion nouvelle aux religions juive et chrétienne. Il était tenu, lui le dernier des prophètes, de faire preuve de ménagements pour les disciples de ses précurseurs. Mais ces ménagements étaient subordonnés à leur conversion.

« On nous dit : Soyez Juifs ou Chrétiens et vous serez dans le bon chemin. Répondez-leur : Nous sommes plutôt de la religion d'Abraham, vrai croyant et qui n'était pas du nombre des idolâtres. » Ch. II, ver. 129.

« Dites : Nous croyons en Dieu et à ce qui a été envoyé d'en haut à nous, à Abraham et à Ismaël, à Isaac, à Jacob, aux douze tribus ; nous croyons aux livres accordés au Prophète par le Seigneur, nous ne mettons point de distance entre eux et nous et nous nous abandonnons à Dieu. » Ver. 130.

« S'ils (les Juifs et les Chrétiens) adoptent notre croyance, ils sont dans le chemin droit, s'ils s'en éloignent ils font une scission avec nous ; mais Dieu nous suffit. Il entend et voit tout. » Ver. 131.

Ces passages et bien d'autres démontrent que hors l'Islam il n'est point de salut, et que la bienveillance dont sont empreints quelques versets du Koran, n'est qu'apparente. Qu'il me soit permis pour élucider complètement ce point de faire encore de courtes citations :

» Infidèle est celui qui dit : Dieu c'est le Messie, fils de Marie. Le Messie n'a-t-il point dit lui-même : O enfants d'Israël, adorez Dieu qui est mon Seigneur et le vôtre. Quiconque associe à Dieu, d'autres dieux, Dieu lui interdira l'entrée du jardin et sa demeure sera le feu. Les pervers n'auront plus de secours à attendre. » Chap. V, ver. 16.

« Infidèle est celui qui dit : Dieu est un troisième de la Trinité, pendant qu'il n'y a point de Dieu si ce n'est le Dieu unique. S'ils ne cessent pas.... certes un châtiment douloureux atteindra les infidèles. »

Il est impossible de nier en présence de ces textes formels, que les Chrétiens ne soient aux yeux de tous les musulmans des infidèles.

Quel est le sort réservé à ceux-ci ?

« Ce qui les attend dans la vie future, c'est le feu dont les hommes et les pierres seront l'aliment. »

« Un châtiment ignominieux est préparé aux infidèles. »

Ceux qui mourront infidèles, sur ceux-là la malédiction de Dieu, des Anges et de tous les hommes. » Chap. II, ver. 22, 24, 98 et 156.

« Pour ceux qui sont infidèles et meurent infidèles, autant d'or que la terre peut contenir ne saurait les racheter du châtiment cruel, ils n'auront point de défenseur. » Chap. III, ver. 85.

Il serait facile de multiplier les citations. Si le Koran se bornait à menacer les infidèles des peines éternelles, on pourrait se préoccuper fort peu de ses menaces ; mais je démontrerai que la religion musulmane estime que son royaume est de ce monde. La suprématie doit lui appartenir ici bas en attendant le jour où la résurrection donnera aux vrais croyants la récompense due à leurs vertus. J'ai voulu démontrer qu'au point de vue purement religieux, purement spéculatif, un abîme infranchissable est creusé par le Koran entre le croyant et l'incrédule, le musulman et l'infidèle. Il reste à rechercher si cet abîme peut être comblé dans les relations de la vie.

CHAPITRE II

Quelle doit être la conduite des Croyants à l'égard des Infidèles.

L'abandon sans réserve à la volonté de Dieu, la pureté de la Foi, sont les vrais biens. Aussi le premier devoir du Croyant est de fuir la tentation et par conséquent les Infidèles dont les exemples, les controverses et la perversité présentent de graves dangers. Le Koran insiste sur ce point :

« O Croyants ! ne formez de liaisons intimes qu'entre vous. Les Infidèles ne manqueraient pas de vous corrompre. Ils désirent votre perte. Leur haine perce dans leurs paroles ; mais ce que leur cœur recèle est-pire encore. Nous vous en avons fait voir des preuves évidentes, si toutefois vous savez comprendre. » Ch. III, ver. 66.

« O Croyants ! si vous écoutez les Infidèles, ils vous feront revenir à vos erreurs et vous retomberez dans la perdition. » Ver. 142.

« O Croyants ! ne prenez point d'amis parmi les Infidèles plutôt que parmi les Croyants. Voulez-vous fournir à Dieu un argument irréfragable. »

« O Croyants ! ne cherchez point d'appui chez les hommes qui ont reçu l'Ecriture, ni chez les Infidèles qui font de votre culte l'objet de leurs railleries. Craignez Dieu si vous êtes fidèles. »

« Vous les aimez et ils ne vous aiment point. » Ch. III, ver. 114.

« Le bien qui vous arrive les afflige ; qu'il vous arrive un malheur, ils sont remplis de joie. Mais si vous avez de la patience et la crainte de Dieu, leurs artifices ne pourront vous nuire car Dieu embrasse de sa science toutes leurs actions. » Ver. 115.

« O Croyants ! ne prenez point pour amis, les Juifs et les Chrétiens ; ils sont amis les uns des autres. Celui qui les prendra pour amis finira par leur ressembler et Dieu ne sera point le guide des pervers. »

« O Croyants ! n'ayez point pour amis, vos pères et vos frères s'ils préfèrent l'infidélité à la foi. Ceux qui désobéiraient seraient des méchants. »

A ces prescriptions une sanction formelle était nécessaire. Mahomet n'eut garde de l'oublier. Dieu lui dit en effet :

« Annonce aux hypocrites un supplice douloureux. A ces hypocrites qui cherchent leurs amis parmi les Infidèles plutôt que parmi les Croyants. Est-ce pour en acquérir de l'honneur ? L'honneur tout entier appartient à Dieu. » Ch. IV, vers. 137, 138.

Ces préceptes ne sont-ils point faits pour éveiller à notre égard toutes les défiances des Musulmans ? Laissent-ils un doute sur la nature des sentiments que nous pouvons leur inspirer ?

Loin de moi la pensée de nier qu'aucun lien d'amitié puisse exister entre Musulmans et Français. Je connais parmi les indigènes des hommes d'une intelligence supérieure, d'un caractère élevé, plus enclins à écouter la voix de la bonté que les conseils de la haine ; mais ils sont encore peu nombreux ceux qui sont capables d'oublier, dans leurs relations avec nous, les prescriptions du Koran. La moindre excitation peut réveiller de leur torpeur ceux qui semblent accepter notre domination avec indifférence. Avant d'accueillir les protestations de dévouement et d'amitié dont les indigènes sont si souvent prodigues, il est bon de se rappeler la parole du Prophète :

« Que les Croyants ne prennent point pour amis (ou alliés ou patrons) des Infidèles plutôt que des Croyants. Ceux qui le feraient ne doivent rien espérer de la part de Dieu, à moins que vous n'ayez à craindre quelque chose de leur côté. » Ch. III, ver. 27.

Si les Infidèles ne peuvent avoir avec les Musulmans que des relations inspirées par la crainte, comment pourrons-nous faire la conquête morale des Indigènes et nous les assimiler ?

Le Prophète a dit, il est vrai :

« Il se peut qu'un jour Dieu établisse entre vous et vos ennemis la bienveillance réciproque. Dieu peut tout, il est indulgent et miséricordieux. » Ch. LX, ver. 7.

Toutefois ce principe comporte les restrictions qu'énoncent les versets suivants :

« Dieu ne vous défend pas d'être bons et équitables envers ceux qui n'ont point combattu contre vous à cause de votre religion et qui ne vous ont point bannis de vos foyers. Ils aiment ceux qui agissent avec équité. » Ch. LX, ver. 8.

« Mais il vous interdit toute liaison avec ceux qui vous ont combattus pour cause de religion, qui vous ont chassés de vos foyers ou qui ont aidé les autres à le faire. Ceux qui les prendraient pour alliés seraient des méchants. » Ver. 9.

Ne suffit-il pas de notre présence sur un sol autrefois musulman pour que nous ne puissions pas être traités avec bienveillance ?

CHAPITRE III

Le Droit international Musulman. — La Guerre sainte. — Les Captifs. — La Victoire est assurée aux Musulmans. — Les Infidèles ne peuvent avoir qu'une puissance éphémère.

« La traduction a conservé plusieurs traits de la vie de Mahomet qui le peignent comme un homme très doux, très humain, très bienveillant pour ceux qui lui étaient dévoués. » (1) Quelques versets corroborent cette appréciation :

« Point de contrainte en religion. La vraie route se distingue assez de l'erreur. » Ch. II, ver. 57.

« Combattez dans la voie de Dieu contre ceux qui vous feront la guerre. Mais ne commettez point d'injustice en les attaquant les premiers, car Dieu n'aime point les injustes. »

Ces maximes, d'une absolue sagesse, étaient d'une application difficile, et ne pouvaient se concilier avec la force d'expansion et le besoin de prosélytisme de la religion nouvelle.

Les tribus arabes, nomades et guerrières, avaient coutume de demander au sort des armes, la solution de toutes leurs querelles. Les haines privées devenaient des haines de tribus ; l'anarchie la plus cruelle désolait les populations de l'Arabie. Dans un milieu social aussi troublé, les principes de tolérance n'avaient aucune chance d'être accueillis, et Mahomet n'aurait jamais pu réaliser son rêve si quelques victoires ne lui avaient donné la consécration des combats, et n'avaient témoigné en sa faveur de la protection divine. Il le comprit, et se garda de développer les principes de tolérance qu'il avait semés, comme en passant, dans le Koran. Ce fut à la guerre sainte qu'il demanda aussi bien la conquête du monde que celle des âmes.

---

(1) KASIMIRSKY. — Introduction à la traduction du Koran.

« Quant au culte extérieur, cinq choses constituent l'Islam : la prière, le jeûne, l'aumône, le pélerinage de la Mecque et la guerre sainte, ou pour prendre le mot Djihad dans son sens le plus adouci, la propagande religieuse. » (1).

Pour le Croyant, il n'est pas de devoir plus rigoureux que celui de prendre part à la guerre sainte.

« Si vos pères et vos enfants, vos frères et vos femmes, vos parents et les biens que vous avez acquis et le commerce dont craignez la ruine et les habitations dans lesquelles vous vous complaisez vous sont plus chers que Dieu, son apôtre et la guerre sainte, attendez-vous à voir Dieu venir accomplir lui-même son œuvre. Dieu ne dirige point les méchants. » Ch. IX, ver. 24.

Cette propagande ne devra prendre fin que lorsque le monde entier aura accepté la religion nouvelle, tant que les Croyants sont exposés aux tentations de l'idolàtrie, tant que les Infidèles ne sont pas soumis ou vaincus, la guerre sainte doit être continuée sans relâche. Pour arriver à ce but suprême : l'extermination des idolâtres, la défaite ou la conversion des Infidèles, le triomphe de la vraie Foi, le Croyant ne doit reculer devant aucun sacrifice.

Quant au Prophète, il a reçu la mission spéciale de prêcher la guerre sainte et de soutenir le courage des Croyants. Dieu lui dit en effet :

« Combats dans le sentier de Dieu et n'impose des charges difficiles qu'à toi-même. Excite les croyants au combat. Dieu peut arrêter la violence des Infidèles. Il est plus fort qu'eux et ses châtiments sont plus terribles. » Ch. IV, ver. 86.

« Dis encore aux Arabes du désert qui sont restés chez eux : « Nous vous appellerons à marcher contre un peuple doué d'une puissance terrible, vous combattrez ces gens jusqu'à ce qu'ils se fassent musulmans. Si vous obéissez, Dieu vous accordera une belle récompense, mais si vous tergiversez comme vous l'avez déjà fait une fois, il vous infligera un châtiment douloureux. » Ch. XLVIII, ver. 16.

---

(1) KASIMIRSKY. — Introduction à la traduction du Koran.

On est en droit de conclure de plusieurs versets que la guerre est toujours déclarée entre Croyants et Infidèles. Le danger que le voisinage des incrédules fait courir à la foi, ne suffit-il pas pour justifier la guerre ?

« Les Infidèles sont vos ennemis déclarés. » Ch. IV, ver. 102.

« O Croyants ! combattez les Infidéles qui vous avoisinent ; qu'ils trouvent toujours en vous un rude accueil. Dieu est avec ceux qui le craignent. » Ch. IV, ver. 124.

« Faites la guerre à ceux qui ne croient point en Dieu ni au jour dernier, qui ne regardent point comme défendu ce que Dieu et son Apôtre ont défendu, et à ceux d'entre les hommes des écritures qui ne professent pas la croyance de la vérité ! Faites leur la guerre jusqu'à ce qu'ils payent le tribut, tous sans exception et qu'ils soient humiliés. » Ch. IX, ver. 19.

« Lorsque vous rencontrez des Infidèles, eh bien ! tuez-les au point d'en faire un grand carnage et serrez fort les entraves des captifs. » Ch. XLVII, ver. 4.

« Ensuite vous les mettrez en liberté ou les rendrez moyennant rançon, lorsque la guerre aura cessé. Agissez ainsi. » V. 5.

« Ne vous ralentissez point dans la poursuite des ennemis. Si vous souffrez, ils souffriront comme vous ; mais vous devez espérer de Dieu, ce qu'ils ne sauraient espérer. Dieu est sage et savant. »

« Combattez-les jusqu'à ce que vous n'ayez point à craindre la tentation et que tout culte soit celui du Dieu unique. S'ils mettent un terme à leurs actions, alors plus d'hostilité, si ce n'est contre les méchants. » Ch. II, ver. 189.

« Combattez-les jusqu'à ce qu'il n'y ait plus de tentation et qu'il n'y ait plus d'autre culte que celui du Dieu unique. S'ils mettent un terme à leur impiété, certes Dieu voit tout. »

Je citerai encore deux versets qui s'appliquent particulièrement à la situation de la France en pays musulman.

« Tuez-les partout où vous les rencontrerez et *chassez-les d'où ils vous auront chassés*, ne livrez point de combat près de l'oratoire sacré, à moins qu'ils ne vous y attaquent, s'ils le font, tuez-les. Telle est la récompense des Infidèles. » Ch. II, ver. 187.

« Ne montrez point de lâcheté et n'appelez point les Infidèles à la paix, quand vous êtes les plus forts et que Dieu est avec vous. Il ne vous privera point du prix de vos œuvres. » Ch. XLVII, ver. 37.

Les versets qui prêchent la tolérance, inspirent à M. Kasimirsky la réflexion suivante : « Il ne faut pas cependant conclure que ces commandements sont capables d'enchaîner la foi, la fidélité des Musulmans. Les mots « tuez-les partout où vous les trouverez » et « chassez-les d'où ils vous auront chassés » ainsi que ces autres jusqu'à ce que tout culte soit celui du Dieu unique, laissent une telle latitude, qu'il n'est pas étonnant que l'islamisme se soit toujours cru libre de tout engagement envers les peuples d'une autre religion, lorsque ses forces ou les circonstances favorables lui ont permis de ressaisir les pays échappés à sa domination. » Note du traducteur, ch. II, ver. 186.

Le verset 4 du chapitre XLVII, cité plus haut qui prescrit le carnage des Infidèles et l'enchaînement des captifs est appliqué depuis Mahomet à tous les Infidèles et fait partie du droit de guerre musulman. « Le Croyant procède à l'égard des Infidèles, par voie de massacre, de captivité ou de mise en liberté. » Kasimirsky, ch. XLVII, ver. 4, notes 2 et 3.

La guerre sainte est le premier des devoirs ; aussi ceux qui y prendront part recevront de Dieu une récompense particulière.

« Si vous mourez ou si vous êtes tués en combattant dans le sentier de Dieu, l'indulgence et la miséricorde de Dieu vous attendent. Cela vaut mieux que les richesses que vous amassez. » Ch. III, ver. 151.

« Dieu a acheté aux Croyants leurs biens et leurs personnes pour leur donner le paradis en retour. Ils combattront dans le sentier de Dieu ; ils tueront et seront tués. La promesse de Dieu est vraie, il l'a faite dans le Pentateuque, dans l'Evangile, dans le Koran. Et qui est plus fidèle à son alliance que Dieu ? Réjouissez-vous du pacte que vous avez contracté, c'est un bonheur immense. » Ch. IX, ver. 112.

« Les fidèles qui resteront dans leurs foyers, sans y être contraints par la nécessité ne seront pas traités comme ceux qui combattent dans le sentier de Dieu, avec le sacrifice de leurs biens et de leurs personnes. Dieu a assigné à ceux-ci un rang plus élevé qu'à ceux-là ; il a fait de belles promesses à tous, mais il a destiné aux combattants une récompense plus grande qu'à ceux qui restent dans leurs foyers. » Ch. IV, ver. 97.

L'abandon du pays natal, l'exil et l'émigration sont les plus dures épreuves que l'homme puisse subir; aussi les Croyants qui pour le triomphe de l'Islam abandonnent leur patrie ont droit à des récompenses exceptionnelles.

« J'effacerai les péchés de ceux qui auront émigré ou auront été chassés de leur pays, qui auront souffert dans mon sentier (pour ma cause) qui auront combattu et succombé ; Je les introduirai dans des jardins arrosés de courants d'eau. » Ch. IV, ver. 194.

« Celui qui abandonnera son pays pour la cause de Dieu, trouvera sur la terre d'autres hommes forcés d'en faire autant et les ressources abondantes. Pour celui qui aura quitté son pays pour la cause de Dieu et que la mort viendra surprendre, son salaire sera à la charge de Dieu et Dieu est indulgent et miséricordieux. » Ch. IV, ver. 101.

« Ceux qui ont quitté leur pays, qui combattent dans le sentier de Dieu, avec leurs biens et leurs personnes, occuperont un degré plus élevé devant Dieu. Ils seront les bienheureux. » Ch. IX, ver. 20.

« Ceux qui abandonnent leur pays et combattent dans le sentier de Dieu, peuvent espérer sa miséricode, car il est indulgent et miséricordieux. » Ch. III, ver. 161.

« Ne croyez point que ceux qui sont morts dans le sentier de Dieu, soient morts, ils vivent auprès de Dieu et reçoivent de lui leur nourriture. » Ch. III, ver. 161.

La promesse des récompenses futures n'aurait peut-être pas suffi à entraîner les Musulmans à la guerre sainte ; aussi le Koran leur promet-il encore la victoire et leur donne-t-il cette assurance que nul homme ne peut, quoi qu'il fasse, avancer ou reculer l'heure de sa mort. Les revers que les Croyants éprouvent en combattant pour la foi, ne peuvent être que de courte durée. Dieu qui combat avec les Croyants ne saurait être vaincu.

« Ne perdez point courage, ne vous affligez point, vous serez victorieux, si vous êtes Croyants. » Ch. III, ver. 133.

« Ne crois pas que les Infidèles aient le dessus, car ils ne sauraient affaiblir la puissance de Dieu. » Ch. VIII, ver. 61.

« N'allez pas croire que les Infidèles puissent affaiblir la puissance de Dieu sur la terre, eux qui auront le feu pour demeure. Et quel affreux séjour. » Ch. XXIV, ver. 56.

« Les Infidèles combattent contre Dieu, leurs ruses aussi bien que leurs violences ne peuvent qu'échouer. » Ch. XLIV, ver. 79.

« Si les Infidèles nous tendent des pièges, nous leur en tendrons nous aussi. »

« S'imaginent-ils que nous ne connaissons pas leurs secrets ? Oui, nos envoyés qui sont au milieu d'eux, couchent tout par écrit. »

« Si les Infidèles vous combattent, ils ne tarderont pas à prendre la fuite, et ils ne trouveront ni protecteur ni secours. » Ch. XLVIII, ver. 22.

« O Prophète. Excite les Croyants au combat. Vingt hommes fermes d'entre eux terroriseront deux cents Infidèles ; cent en mettront mille en fuite, parceque les Infidèles ne comprennent rien. » Ch. VIII, ver. 61.

« Voilà que Dieu vous allège votre tâche, il sait combien vous êtes faibles. Cent hommes fermes d'entre vous vaincront deux cents ennemis et mille triompheront de deux mille par la permission de Dieu qui est avec les hommes fermes. » Ver. 67.

« Dieu nous l'apprend comme une heureuse nouvelle, afin que vos cœurs se rassurent ; or la victoire ne vient que du Dieu puissant et sage. Dieu vous apprend qu'il taillera en pièces les Infidèles, qu'il les culbutera, qu'ils seront renversés, défaits sans ressources. » Chap. III, ver. 122.

« A quoi servirait-il d'essayer de se soustraire aux dangers de la guerre ? La mort n'arrive-t-elle pas à l'heure fixée d'avance ? »

« La fuite ne vous servira de rien. Si vous avez échappé à la mort ou à un carnage à la guerre, vous ne jouirez de la vie que peu de temps. » Chap. XXVIII, ver. 16.

Si les blessures vous atteignent, eh ! n'en ont-elles pas atteint bien d'autres ? Nous alternons les revers et les succès parmi les hommes afin que Dieu connaisse les croyants ; qu'il choisisse parmi vous ses témoins (dans le sens de martyrs). Il hait les méchants. »

« Dis leur : Quand vous seriez restés dans vos maisons, ceux dont le trépas était écrit là-haut seraient venus succomber à ce même endroit afin que le Seigneur éprouvât ce que vous cachez dans vos seins et débrouillât ce qui était au fond de vos cœurs. Dieu connaît ce que les cœurs recèlent. » Chap. III, ver. 148.

La témérité et le mépris de la mort qu'inspire le fatalisme n'excluent cependant pas la prudence. Mahomet ne craint pas d'entrer à ce sujet dans les plus minutieuses prescriptions.

« Quand vous entrez en campagne, il n'y aura aucun péché d'abréger vos prières, si vous craignez que les Infidèles ne vous surprennent. Les Infidèles sont vos ennemis déclarés. » Chap. IV, ver. 102.

« Lorsque tu seras au milieu de tes troupes et que tu feras accomplir la prière, qu'une partie prenne les armes et prie ; lorsqu'elle aura fait les adorations, qu'elle se retire et qu'une autre partie de l'armée qui n'a pas encore fait la prière lui succède. » Chap. IV, ver. 103.

« Qu'ils prennent leurs sûretés et soient sous les armes. Les Infidèles voudraient bien que vous ne songeassiez pas à vos armes et à vos bagages afin de fondre d'un seul coup sur vous. Si la pluie vous incommode ou si vous êtes malade, ce ne sera pas un péché de déposer vos armes ; toutefois prenez vos sûretés. Dieu prépare aux Infidèles un supplice ignominieux. » Ch. IV, ver. 103.

« Mettez sur pied toutes les forces dont vous disposez et de forts escadrons, pour en intimider les ennemis de Dieu et les vôtres et d'autres encore que vous ne connaissez pas et que Dieu connaît. Tout ce que vous avez dépensé dans la voie de Dieu vous sera payé et vous ne serez point lésé. » Chap. VIII, ver. 62.

L'établissement des Infidèles en pays musulman n'est point définitif. Dieu a fixé un terme précis à leur puissance.

« N'ont-ils point voyagé dans les pays ? N'y ont-ils pas vu quelle a été la fin de leurs devanciers plus robustes qu'eux ? Ils ont sillonné le pays de routes et de digues ; ils en habitaient une partie plus considérable que ceux-ci. Des apôtres se présentèrent chez eux, accompagnés de preuves évidentes. Ce n'est pas Dieu qui les a traités durement. Ils ont été iniques envers eux-mêmes. » Chap. XXX, ver. 8.

« N'ont-ils (les incrédules) jamais traversé ces pays ? N'ont-ils pas vu quelle a été la fin de leurs devanciers que Dieu extermina ? Un sort pareil attend les Infidèles de nos jours. » Chap. XL, ver. 7.

« Chaque nation a son terme. Quand leur terme est arrivé, les hommes ne sauraient ni le reculer, ni l'avancer. » Ch. VII, ver. 32.

« Nous n'avons anéanti aucune ville qui n'ait eu un terme fixé. » Chap. XV, ver. 4.

« Aucun peuple ne peut avancer ni reculer son terme. » Chap XV, ver. 5.

Je ne multiplierai pas d'avantage les citations ; celles qui précèdent démontrent surabondamment que Mahomet a considéré la guerre comme le grand moyen de propagande, et que son Dieu est le Dieu des combats. Il serait cependant injuste de méconnaître que les conquérants arabes ont montré à l'égard des vaincus, mais après la conquête, une réelle tolérance. Quand, par la victoire, ils avaient assuré le triomphe de l'Islam, ils respectaient la religion, les lois et les biens des vaincus. Ils n'exigeaient que le paiement d'un tribut. Ce fait, confirmé par l'histoire, a permis à M. Seignette de dire que « la liberté de conscience et la tolérance religieuse, principes inconnus aux Chrétiens du Bas Empire, firent leur entrée dans le monde à l'ombre du Croissant. »

Les Croisades modifièrent ces tendances, mais les peuples chrétiens furent les agresseurs. Depuis les longues guerres que les Musulmans eurent à soutenir, les défaites qu'ils essuyèrent en Espagne, les expéditions des peuples européens contre les Etats barbaresques, l'occupation d'Oran par les Espagnols, tous ces évènements que l'histoire a consignés et qu'il serait trop long de rappeler ici, eurent pour conséquence de creuser un abîme encore plus profond entre Musulmans et Chrétiens, de développer les germes de haine et de donner aux prescriptions koraniques une interprétation toujours plus rigoureuse.

Qu'on me pardonne le développement de ce chapitre et la multiplicité des citations. La puissance de l'Émir Abd-El-Kader, la gravité et le nombre des insurrections que la France a dû réprimer, ont démontré que les Indigènes n'ont pas oublié les prescriptions du Koran et qu'ils considèrent toujours la guerre sainte comme un devoir.

J'ai fini de rechercher quelle est la situation faite, par la loi religieuse musulmane, aux Infidèles, aux vainqueurs, aux Français par conséquent. On peut la résumer en quelques brèves formules :

I. Les Chrétiens sont des Infidèles ;

II. Hors de l'Islam point de salut ;

III. Les Croyants doivent s'abstenir de toute relation d'amitié avec les Infidèles ;

IV. Aucune bienveillance réciproque ne doit exister entre Fidèles et Infidèles, quand ces derniers ont combattu contre l'Islam ou se sont emparés d'un pays musulman ;

V. La guerre sainte est un devoir ;

VI. La victoire définitive est assurée aux Croyants ;

VII. Les Musulmans, quand ils sont les plus forts, doivent refuser la paix ;

VIII. La guerre sainte ne prend fin que par le massacre des Infidèles, leur mise en captivité ou leur soumission à un tribut.

Je rechercherai dans le chapitre suivant si la loi civile musulmane et l'organisation de la famille arabe permettent d'amener un rapprochement entre Croyants et Infidèles.

CHAPITRE IV

La Famille arabe avant Mahomet. — Modifications introduites par le Prophète. — Protection donnée aux filles, aux femmes. — La mère, l'épouse, la fille d'après le Koran. — Droit de Djebr. — Mariage. — Répudiation. — Divorce. — Asservissement de la femme.

Les villes anciennes de l'Arabie, ont été, à l'origine, des lieux de stationnement et d'entrepôt, autour desquels chaque tribu promenait ses tentes et ses troupeaux sur un territoire dont l'usage immémorial avait fixé le périmètre. La tribu se composait du groupement d'un certain nombre de familles descendant toutes d'un auteur commun. Parmi les chefs de ces familles, il en était que leurs richesses, leur courage, leur expérience des combats. le grand nombre de leurs esclaves, de leurs affranchis ou de leurs clients, signalaient au choix des arabes quand ils avaient à soutenir une lutte contre des tribus voisines.

Cette organisation primitive donnait satisfaction au sentiment de l'égalité si puissant chez les nomades ; mais, dans le sein même de la famille, l'inégalité était absolue. Le chef de famille avait seul des droits. Mère, femme, enfants, tous étaient placés sous son autorité. A lui seul appartenait le patrimoine. Il en disposait comme il l'entendait et sa gestion échappait à tout contrôle.

La force et le courage étaient les principales vertus pour ces hommes qui ne connaissaient guère d'autre mode d'acquérir que la conquête. La récompense du vainqueur était le butin, c'est-à-dire les richesses, la famille et la personne même du vaincu. Dans une société ainsi organisée, le guerrier était à peu près tout, la femme à peu près rien.

L'arabe considérait comme un malheur la naissance des filles, et la coutume l'autorisait à les enterrer vives dès leur naissance. La fille était une gêne dans les déplacements de la tribu. Les passions que provoquent les femmes, et que le nomade lui-même ne peut s'empêcher d'éprouver, étaient des causes de trouble, de rivalité et de haine entre les guerriers. De plus, quand elle atteignait l'âge de nubilité, par le mariage la fille sortait de la tente paternelle pour n'y plus revenir. Pourquoi dès lors s'attacher à elle ? N'était-il pas plus sage de prendre parmi les captives, conquises la lance à la main, les femmes dont on avait besoin.

Il n'en était pas de même du garçon. Le chef de famille lui pardonnait les dérangements qu'il occasionnait pendant son enfance, en prévision des services qu'il pourrait rendre dès son adolescence. Le garçon c'était une lance de plus, et le jour où sa main droite était assez forte pour la tenir, le chef de famille avait intérêt à le ménager. Aussi, dès l'avènement de la puberté, le père émancipait son fils et le mariait. De là encore la nécessité de reconnaître au garçon une part d'héritage.

Mahomet ne songea pas à modifier, dans ses grandes lignes, l'organisation des tribus. Il n'entrevit point une réforme d'ensemble. Législateur pratique, il fit ses efforts pour relever le niveau moral de son peuple et mettre fin à des coutumes barbares que sa haute intelligence condamnait, mais en conservant le plus possible le cadre primitif dans lequel les tribus de l'Arabie s'étaient développées avant lui. Il se garda notamment, lui qui faisait un devoir de la guerre sainte, de décourager les sentiments belliqueux de son peuple, en restreignant les droits des vainqueurs. Il se borna à prélever le cinquième du butin en faveur de Dieu, de son Prophète, des pauvres et des orphelins.

Ce qui fait le plus grand honneur à Mahomet ce sont ses efforts pour protéger les faibles, les enfants et les femmes.

Les premières années de Mahomet furent pénibles. Une veuve, Khadidja, fut l'instrument de sa grandeur. Riche, elle lui avait confié le soin de gérer sa fortune et l'avait commandité pour le commerce des caravanes. La distinction de Mahomet, son intelligence qu'avaient avivée ses voyages, son imagination surexcitée par de longues rêveries, son langage imagé, tout contribuait à lui donner sur les femmes un ascendant extrême. Khadidja l'aima et l'épousa. Mahomet acquérait ainsi deux puissants moyens d'action : la fortune et des alliances. Il sut se montrer reconnaissant, Khadidja fut sa femme préférée. Il ne parlait d'elle qu'en termes empreints d'une respectueuse tendresse. Elle fut son premier disciple; c'est à elle que le Prophète fit le récit de sa première vision et confia le secret de sa mission divine. Elle crut en son époux, et le soutint de son amour profond, inaltérable, presque maternel.

Brisé d'épreuves, abreuvé d'injures, menacé par tous, c'est toujours auprès d'elle que le Prophète, au début de sa prédication, trouvait de douces consolations ; c'est dans ce cœur de femme qu'il puisait des forces nouvelles pour des luttes nouvelles.

Cette influence sur la vie de Mahomet fut heureuse. Il devint le protecteur des femmes et les aima passionnément. Il avait coutume de dire que de toutes les choses de ce monde, il préférait les parfums et les femmes. Il était très sensible aux charmes de la beauté ; sa passion soudaine — un coup de foudre — pour Zineb, femme de Zeïd son fils adoptif, en fournit la preuve. Les persécutions qu'il eut à subir le rendirent intéressant et les femmes furent les premières à accepter la nouvelle doctrine. Pour si faible que soit dans une Société la part d'influence laissée aux femmes, il est près du triomphe le réformateur qui les a gagnées à sa cause.

Ces considérations expliquent les modifications apportées par le Koran à la constitution de la famillé arabe.

Le premier soin du Prophète fut de condamner sévèrement la coutume qui permettait d'enterrer vives les filles qui venaient de naître.

« Si l'on annonce à quelqu'un d'entre eux, la naissance d'une fille, son visage s'obscurcit et il devient comme suffoqué par la douleur. Il se cache à cause de la désastreuse nouvelle. Doit-il la garder et en subir la honte ou l'ensevelir dans la poussière. Que leurs jugements sont déraisonnables ? » Ch. XVI, ver. 60 et 61.

S'il rendit sacrée la vie de l'enfant, il sut tracer aussi les devoirs de l'enfant envers ses parents. Il n'était pas inutile dans une Société où régnait le droit de la force, de placer les vieillards sous la protection divine.

« Dieu a ordonné de n'adorer que lui, de tenir une belle conduite envers vos père et mère, soit que l'un deux ait atteint la vieillesse, soit qu'ils y soient parvenus tous deux et qu'ils restent avec vous, Garde-toi de leur montrer du mépris, de leur faire des reproches. Parle leur avec respect. »

« Sois humble envers eux et plein de tendresse, et adresse cette prière à Dieu : Seigneur ! Aie pitié d'eux, de même qu'ils ont eu pitié de moi, qu'ils m'ont élevé quand j'étais tout petit. » Ch. XVII, ver. 24 et 25.

« Nous (c'est Dieu qui parle) avons recommandé à l'homme ses père et mère (sa mère le porte dans son sein et endure peine sur peine, il n'est sevré qu'au bout de deux ans). Sois reconnaissant envers moi et envers tes parents. Tout aboutit à moi. » Ch XXXI, ver. 13.

Mahomet ne cesse de rappeler aux Croyants combien sont dures les épreuves de la maternité et combien doit être grande la gratitude des enfants.

« Nous avons recommandé à l'homme de bien agir envers ses
père et mère ; sa mère l'a porté avec peine et l'a mis au monde
avec peine ; et la grossesse et l'allaitement jusqu'au sevrage
durent trente mois. Il parvient enfin à la maturité, il parvient à
quarante ans et alors, il adresse à Dieu cette prière : Seigneur,
inspire moi de la reconnaissance pour les bienfaits dont tu m'as
comblé ; fais que je pratique le bien qui te plait ; rends moi
heureux dans mes enfants. » Ch. XLVI, ver. 14.

Rends moi heureux dans mes enfants ! prière charmante et
digne de celui qui prononçait cette parole empreinte d'une
exquise poésie : c'est aux genoux de sa mère qu'un fils gagne le
ciel.

Les versets que je viens de citer prouvent de quelle sensibilité
était doué le cœur de Mahomet ; mais il était de son temps et de
son peuple et ne pouvait s'affranchir, d'une façon absolue, des
préjugés de son époque et de sa race. L'importance du rôle social
de la femme lui échappa. Il fit sortir la femme de l'humble condition que les traditions anté-islamiques lui assignaient, il lui
reconnut une demi personnalité juridique, mais il ne sut pas
accorder à la mère la tutelle de ses enfants mineurs, et proclamer
que la femme était l'égale de l'homme ; tout au contraire, il
décréta, comme un dogme, son infériorité morale et légale.

« Les maris ont le pas sur leurs femmes (mot à mot, ont un
degré au dessus, c'est-à-dire leur sont supérieurs.) Note du
traducteur. » Ch. II, ver. 228.

« Les hommes sont supérieurs aux femmes à cause des
qualités par lesquelles Dieu a élevé ceux-là au dessus de celles-ci
et parce que les hommes emploient leurs biens pour doter les
femmes. » Ch. IV, ver. 38.

La femme est un être imparfait qui « grandit dans les ornements
et les parures et qui est toujours à disputer sans raison. »
Ch. XLIII, ver. 17.

L'infériorité naturelle de la femme amenait logiquement le
Prophète à consacrer son infériorité légale, à la subordonner
rigoureusement à l'autorité du père et ensuite à celle du mari ; à
ne lui accorder enfin qu'une demi personnalité juridique. Cette
subordination absolue de la fille au père se traduit chaque jour

dans les faits, par l'application du droit odieux de la contrainte paternelle, en matière de mariage ; cette subordination absolue de la femme au mari s'affirme non moins par la répudiation purement arbitraire de la femme par le mari. J'insisterai particulièrement sur ces deux points.

Loin de moi la pensée téméraire d'écrire un traité de droit musulman. Je me bornerai simplement à faire connaître les principes généraux qui régissent le mariage musulman, et à mettre en lumière les faits caractéristiques qui séparent la famille française de la famille arabe.

En droit français, les époux comparaissent devant l'officier de l'état civil qui représente la Société et, d'un commun accord, contractent une union qui leur impose des devoirs réciproques et leur confère des droits égaux.

Ce contrat ne peut-être rompu que par justice, et si l'un des époux, ou tous deux, ont manqué aux obligations essentielles du mariage.

Tout autre est la donnée fondamentale du mariage entre musulmans.

Pour eux, le mariage est un contrat purement consensuel, d'ordre privé et le consentement des époux n'est pas toujours nécessaire.

« Le consentement est donné suivant les circonstances soit par les personnes à l'autorité desquelles les époux sont soumis, soit par les époux eux-mêmes ; il est donc direct ou indirect. »

L'impubère mâle est incapable de manifester un consentement valable. Il ne peut disposer ni de sa personne ni de ses biens. Pubère il s'appartient entièrement, à moins qu'il ne soit atteint de démence.

La jeune fille en raison de la faiblesse de son sexe ne conquiert aucune liberté par l'avènement de la puberté. Il faut, pour qu'elle puisse administrer ses biens, qu'elle ait cessé d'être vierge et que son tuteur ait consenti à lever l'interdiction qui pesait sur elle ; quant à sa personne, elle n'en dispose que le jour où elle a perdu légalement sa virginité. Elle n'échappe à cette nécessité que dans deux hypothèses : 1° Lorsque son père a expressément renoncé à lui imposer le mariage ; 2° Lorsqu'elle a séjourné un an chez son mari, fût-elle restée vierge. Et encore vierge ou déflorée, elle n'est admise à consentir au mariage que par l'entremise d'un mandataire que la loi lui désigne.

Ainsi, jusqu'à la puberté pour le garçon, — jusqu'à la défloration, pour la fille, les contractants sont soumis à l'autorité d'autrui. Cette autorité prend le nom de *contrainte légale* ; elle permet au *contraignant* de marier le *contraignable* des deux sexes contre son gré (1).

Le père et, après lui, le tuteur testamentaire, quand il en a reçu la délégation expresse sont les seuls, d'après l'école malekite, qui puissent exercer le droit de contrainte ; mais comme une femme ne peut marier une femme, que les convenances, les mœurs et la loi s'y opposent, la femme même libre de sa personne ne peut consentir directement à son mariage et doit se faire assister d'un ouali ou mandataire légal. Le choix de ce mandataire ne lui appartient même pas ; car elle est tenue de désigner celui qui occupe dans la famille le rang exigé par la loi. « De là, dit M. Zeys, la nécessité d'une hiérarchie. »

A quoi donc se réduit le consentement de la femme réputée libre ? Illusoires sont les moyens que la loi et les usages lui laissent de contester la validité du consentement donné en son nom par le ouali. En réalité, la femme ne jouit jamais, ou presque jamais, du droit de disposer librement de sa personne.

Dur est cet asservissement et que de drames poignants éclateraient si, par l'instruction et l'éducation, la femme musulmane venait à acquérir une notion plus élevée de sa personnalité et de ses droits !

Quand le mariage a été accepté de part et d'autre, que le mari a payé soit la totalité de la dot, soit la fraction payable comptant, la femme est tenue de livrer sa personne ; si elle s'y refuse le mari peut l'y contraindre. « Dès qu'elle a rempli cette obligation, la puissance conjugale nait de toutes pièces, avec son cortège de droits et de devoirs. » M. Zeys. P. 20, N° 58.

Les devoirs du mari se réduisent à subvenir aux besoins de ses femmes, à accorder à chacune d'elles dans la mesure prescrite par la loi « les légitimes satifactions qui découlent de l'union

---

(1) M. ZEYS, *Traité élémentaire de Droit musulman*, T. 1ᵉʳ, P. 3, N° 5.

conjugale et que l'espoir de la maternité ennoblit. (1) » Cet espoir peut seul les ennoblir. Le Koran n'a-t-il pas dit : « Vos femmes sont votre champ, allez à votre champ, comme vous voudrez, mais faites auparavant quelque chose en faveur de vos âmes. » Ch. II, ver. 222. Je ne citerai point les commentaires autorisés de ce verset. C'est en latin que le traducteur du Koran les reproduit.

Comment l'épouse peut-elle conserver intacte sa dignité dans cette famille, où le mari, le maître, peut introduire quatre femmes légitimes et un nombre indéfini de concubines ? Comment peut-elle donner son cœur à celui qui ne lui doit qu'une part de tendresse proportionnelle au nombre de ses femmes ? Comment peut-elle devenir la collaboratrice dévouée du mari et contribuer à la prospérité de la famille, celle qu'un caprice peut toujours sacrifier à une rivale.

Pour amoindrir encore le rôle de la femme, la toute puissance du mari est consacrée par le droit de correction corporelle, et le droit de répudiation.

« Les femmes vertueuses, sont obéissantes et soumises ; elles conservent soigneusement, pendant l'absence de leurs maris ce que Dieu a ordonné de conserver intact. Vous réprimanderez celle dont vous aurez à craindre la désobéissance ; vous les reléguerez dans des lits à part, vous les battrez ; mais dès qu'elles vous obéissent ne leur cherchez point querelle. Dieu est élevé et grand. » Ch. IV, ver. 38.

Le mariage est, en droit musulman, un contrat consensuel ; comme conséquence, il peut être dissous par le consentement mutuel.

Mais l'homme, considéré comme supérieur à la femme, est investi du droit exorbitant de rompre, de son autorité privée, par un simple caprice, un lien conjugal qui est noué par le concours de deux volontés. Par une faveur insigne, par une violation manifeste des principes, il est maître de répudier la femme qui a simplement cessé de lui plaire. De là la dissolution du mariage par consentement unilatéral.

____

(1) M. ZEYS.

Faut-il s'arrêter là ? Une femme, que son mari a la faculté de chasser loin de lui, sera-t-elle désormais en présence de son seigneur et maître, s'il abuse contre elle de son pouvoir ou de sa force ? La loi, malgré sa partialité, n'a pas osé répondre négativement à cette redoutable question. Elle a autorisé la femme à répudier son mari ; mais comme elle est l'inférieur de l'homme, elle a besoin de l'assistance du juge pour compléter sa personnalité juridique. Et, malgré cette *auctoritas*, il faut que ses griefs soient fondés pour qu'elle puisse rompre un mariage que son mari a le droit de rompre, à lui seul, sans motifs. De là, la répudiation par la volonté de la femme, avec la sanction du juge (1).

Il convient d'ajouter que la femme qui obtient la dissolution du mariage, conserve la partie de la dot qu'elle a touchée au moment de la célébration, et acquiert le droit de demander le paiement du solde, bien que non encore exigible.

C'est à cela que se réduit la protection que la loi donne à la femme arabe !

Il reste à examiner une question qui a trait particulièrement à l'assimilation. Le Koran a interdit absolument le mariage entre musulmans et idolâtres. (Voir ch. II, ver. 220).

Interdiction formelle est faite aux filles musulmanes d'épouser ceux qui ont reçu les Écritures. Il est à craindre que la femme n'ait pas une force de caractère suffisante pour conserver intacte, auprès d'un mari incrédule, sa foi religieuse. Le musulman ne court pas le même danger, de plus par ce seul fait que la loi autorisait les guerriers à épouser les captives, il devenait impossible de leur interdire le mariage avec les femmes infidèles. Les mariages mixtes entre les musulmans et les femmes chrétiennes ou juives sont autorisés. « Il vous est permis d'épouser les filles honnêtes des Croyants et de ceux qui ont reçu les Écritures avant vous, pourvu que vous leur donniez leur récompense. » Ch. V, 7.

Non content de formuler le principe, Mahomet le mit lui-même en pratique. De ses femmes, une était juive, une autre était chrétienne. Ces unions lui suscitèrent de nombreuses difficultés. De nos jours, Si Abd-Es-Selam, cherif d'Ouazan, a épousé une

---

(1) ZEYS. — *Traité de Droit musulman* ; tome premier, p. 32 n° 86.

anglaise et a renoncé en sa faveur à bien des usages musulmans, mais ces exemples sont peu nombreux et les mariages mixtes ne sont pas vus sans défaveur par la population musulmane.

CHAPITRE V

Des Droits des femmes au Patrimoine de la famille

Si le Koran considère la femme comme un être inférieur, incapable de se diriger et de disposer de sa propre personne, il lui reconnaît par contre une capacité suffisante pour administrer ses biens, soit directement, soit par mandataire. Le mariage n'a point pour effet de confondre le patrimoine des époux ; chacun d'eux garde la libre disposition de ses propres. Tel est le droit ; mais l'exercice de ce droit reçoit dans l'application de notables restrictions. Il est bien difficile à la femme, asservie comme épouse, de conserver assez d'énergie pour défendre sa fortune contre les entreprises de son mari ; elle ne peut guère le faire que si elle est soutenue dans ses revendications par sa famille d'origine. Les biens que possèdent les femmes leur proviennent, dans la plupart des cas, de leur dot ou d'un héritage. La dot n'a le plus souvent pour objet que des bijoux, des vêtements, une somme d'argent, quelquefois même des bestiaux. Par succession, les femmes acquièrent aussi bien des immeubles que des meubles. Il serait téméraire d'entrer dans le détail des successions musulmanes ; je désire seulement donner quelques indications générales qui permettent au lecteur de saisir, en ce qui concerne la femme, l'économie de la loi musulmane.

C'est surtout en matière successorale que Mahomet a modifié, au profit des femmes, les coutumes anté-islamiques. L'enfant mâle héritait seul du chef de famille et loin d'avoir des droits, les filles, les épouses, la mère elle-même étaient considérées comme des biens dépendant de la succession. Le Prophète mit fin à ce régime et grâce à lui, la femme acquit, en même temps qu'une demi personnalité juridique, des droits nettement définis au patrimoine de la famille.

« Toute la théorie successorale des musulmans est dans ce peu de mots : Aux femmes une portion fixe (fard') déterminée par le Koran, aux héritiers mâles le surplus s'il reste quelque chose du premier partage (1). »

Les femmes sont donc des héritiers à réserve.

Cette réserve varie pour la mère, la fille, les sœurs germaines ou consanguines suivant le rang des autres héritiers réservataires laissés par le défunt. Elle est quelquefois très importante ; dans des cas qu'il serait inutile d'indiquer ici, la fille, la fille du fils, la sœur germaine ou consanguine ont pour réserve, soit la moitié soit les deux tiers de la succession ; la veuve ou les veuves ont droit tantôt au quart, tantôt au huitième. La réserve de la mère est parfois du tiers, parfois du sixième. Les frères et sœurs utérins sont exclus par le concours de certains réservataires, mais en l'absence de ceux-ci héritent du sixième.

Ces indications suffisent à démontrer que c'est surtout en matière successorale que la femme musulmane a été favorisée par le Koran.

Je terminerai ce chapitre en insistant sur ce point : qu'en toute chose la famille musulmane diffère de la famille française.

Dans l'une, la puissance du père de famille est presque sans limite et sans contrôle ; dans l'autre, le père n'est pour ainsi dire que le directeur responsable d'une association.

Le mari musulman a tous les droits et n'est tenu presque à aucun devoir ; dans la famille française les droits sont à peu près égaux et les devoirs équivalents.

La mère musulmane a droit au respect et à l'assistance de ses enfants ; son rôle se borne à les mettre au monde et à les allaiter ; elle ne leur donne jamais aucune direction et leur tutelle ne lui appartient pas ; la mère française est la première éducatrice de l'enfant et, à défaut du père prend la direction de la famille.

____

(1) M. ZEYS, T. II, p. 235.

Ces divergences caractéristiques dans l'organisation de la famille, et l'antagonisme religieux, suffisent à démontrer combien il est encore chimérique de songer à l'assimilation.

Liés par leur foi religieuse, les musulmans se refusent à venir à nous ; d'un autre côté on ne peut demander aux populations européennes de renoncer aux notions supérieures qu'elles ont acquises de la personnalité humaine.

Après avoir nettement séparé le domaine civil du domaine religieux ; après avoir proclamé l'égalité morale de l'homme et de la femme et affirmé le dogme de l'autonomie de la personne humaine, le monde moderne a tracé vers le Progrès une large route que jalonnent, à chaque étape, de nouvelles découvertes et de nouvelles conquêtes, matérielles ou morales. Le monde musulman, au contraire, est resté stationnaire. Après avoir épuisé, au cours des deux premiers siècles de l'hégire, tous les principes de développement que comportait la religion nouvelle, il s'est arrêté, tout d'un coup, et s'est endormi dans l'inertie du fatalisme. Certes la race est restée forte et vigoureuse ; un sang généreux coule dans les veines de l'Arabe ; ce qui lui manque, c'est la foi dans l'Avenir, dans les résultats de l'activité humaine, dans la perfectibilité indéfinie de l'Humanité.

L'histoire a enregistré bien des révolutions religieuses. On a vu des peuples briser leurs autels séculaires et s'affranchir des entraves du dogme. L'Arabe ne saurait le faire, car dans sa vie tout découle du principe religieux, tout est en harmonie. Les révolutions naissent, presque toujours, de l'antagonisme qui éclate, à un moment donné de la vie des peuples, entre leurs croyances religieuses et leur conception de la vie civile. C'est ainsi que se produit toujours la fissure qui permet à l'esprit d'examen de pénétrer dans les intelligences et de faire, au nom de la Raison, le Procès du Passé et le programme de l'Avenir. Pour le Musulman, rien de semblable à espérer. Tout en lui dérive du principe religieux, tout est en harmonie.

DEUXIÈME PARTIE

LE KORAN

ET SES CONSÉQUENCES ÉCONOMIQUES

LE KORAN

ET SES CONSÉQUENCES ÉCONOMIQUES

CHAPITRE VI

La propriété chez les Arabes avant l'Islam : Propriété collective, propriété privée. — Comment ont-elles pris naissance. De l'indivision, du Domaine public Musulman. — Du butin, du Habbous. — La propriété depuis l'occupation française. — De la nécessité d'une réforme.

De l'organisation de la famille, découle l'organisation de la propriété. Pour que cette étude soit complète, il est indispensable de rechercher quelle est la constitution de la propriété d'après le Koran, et quelles sont les conséquences économiques de l'Islam.

Les documents de nature à nous éclairer sur l'organisation primitive du peuple Arabe sont peu nombreux. Les premiers siècles échappent à peu près à l'histoire ; mais on peut, dans une certaine mesure, et par voie d'analogie, déterminer quel a été le mode de constitution de la propriété dans les tribus arabes.

L'histoire des Juifs et l'observation des mœurs des tribus nomades qui, de nos jours, peuplent l'Arabie et le Sahara, offrent à cet égard de précieux renseignements. Arabes et Hébreux appartiennent à la même race, leurs langues présentent les plus grandes similitudes et les deux peuples, pendant de longues périodes de leur histoire, ont parcouru les déserts et mené la vie des nomades.

Le peuple arabe se compose de tribus. La tribu est la réunion d'un certain nombre de familles qui descendent toutes d'un auteur commun et qui se sont adjoint, comme clients ou esclaves, un certain nombre d'étrangers. La clientèle a le plus souvent pour origine la nécessité où se trouve un groupe familial trop faible, de se placer sous la protection d'un groupe familial plus puissant. '

La tribu arabe primitive présente donc la plus grande analogie avec la *gens romana*.

Chez les Hébreux, la propriété fut constituée par voie de partage. Le sol fut divisé entre toutes les tribus à l'exception de celle de Lévy, dont les membres, consacrés au sacerdoce, devaient se répartir entre les autres tribus. En échange de cette attribution territoriale, la dîme lui fut réservée. Pour conserver intacte l'organisation territoriale donnée aux tribus et les ramener sans cesse à leur constitution primitive, la loi hébraïque décidait qu'après une période de cinquante ans, les terres seraient remises en commun et feraient l'objet d'un nouveau partage.

Cette organisation démontre que pour les Hébreux la terre appartenait à la nation tout entière ou plutôt à Dieu, et qu'elle n'était point susceptible d'une appropriation privée indéfinie. C'est le principe formulé par Mahomet quand il dit : que la terre appartient à Dieu ou à son vicaire.

La terre fut-elle l'objet d'un partage entre les tribus arabes ? Je ne connais aucun document sur cette matière. Les arabes n'ont pas eu d'exode et n'ont pas eu à gagner, en corps de nation, une terre promise. De plus le sol de l'Arabie n'était guère susceptible, dans son ensemble, d'une culture suivie et continue. Chaque tribu promenait ses troupeaux à travers les paturages du désert et venait grouper ses tentes auprès d'un puits, d'une source ; en un mot auprès d'un point d'eau.

Les territoires parcourus étaient d'autant plus vastes que les troupeaux à nourrir étaient plus importants. Il arriva par la force même des choses, après un certain nombre d'années, que l'usage avait déterminé le périmètre du territoire nécessaire à l'existence de la tribu. Le patrimoine de la tribu fut appelé comme elle et c'est ainsi qu'en Algérie, le mot arch, en même temps qu'il désigne la tribu, désigne encore le territoire dont elle jouit, à l'exclusion de toute autre, depuis un temps immémorial.

La propriété collective précéda donc la propriété privée. « A cet égard, dit M. Seignette, un curieux usage anté-islamique parait de nature à nous donner une indication utile. Il nous est rapporté

par un commentateur de Khalil, au sujet de l'art. 1206, qui en est
la reproduction et il remonte, sans doute, à l'époque où la population de certaines parties du globe se composait encore de quelques
groupes de familles éparses. Chez les anciens arabes, dit-il, lorsqu'un chef de famille venait établir sa tente dans une contrée
inhabitée, il prétendait à la possession exclusive, pour le paturage
de ses troupeaux, de tout le pays environnant dans le rayon où
pouvait s'entendre la voix de ses chiens. Cet usage semble indiquer que l'idée n'est venue à l'homme de s'approprier exclusive-
ment une portion quelconque du sol, que lorsque les rayons
concentriques de chaque groupe familial se sont rencontrés, et
qu'il a fallu établir entre eux une limite et une borne (1). »

L'occupation matérielle du sol fut ensuite consacrée par des
faits d'un autre ordre. Plus on remonte vers le berceau des peuples et plus on constate qu'un caractère religieux s'attache à tout
ce qui a trait aux morts. Les tombeaux furent les premiers autels.
On ne pouvait contester la légitimité de l'occupation du sol à ceux qui
pouvaient montrer, comme des titres, les tombeaux de leurs ancêtres.

L'arabe a toujours préféré la vie nomade à la vie sédentaire, la
tente aux maisons de pierre. De nos jours encore, passent pour les
plus nobles et les plus fières, les tribus qui ne connaissent point
les travaux de l'agriculture et paissent leurs troupeaux sur les
Hauts Plateaux.

« La vie civilisée, telle qu'on la conçoit maintenant, n'entrait
pour rien dans ses préoccupations (Mahomet). Partout où cette
machine entre, disait-il plus tard en parlant de la charrue, la
honte entre avec elle. La liberté et la grandeur lui paraissaient
résider dans la vie nomade et pastorale, idée qui a survécu chez
un grand nombre de musulmans (2). »

La propriété collective était à l'origine la seule qui pût convenir à la famille arabe. L'individu isolé aurait manqué de sécurité
et se serait trouvé dans l'impossibilité de défendre sa propriété et
sa personne. A la longue toutefois, quand des constructions se
furent élevées, soit auprès d'un point d'eau, soit auprès d'un
tombeau, quand les tribus nomades eurent choisi certains lieux

---

(1) SEIGNETTE. — *Code de Sidi-Khalil.* Introd. P. XLVI.
(2) Dictionnaire, P. LAROUSSE, verbo : arabe.

pour y déposer leurs richesses et leurs provisions, la propriété
privée dut naître des efforts faits par quelques uns pour cultiver,
complanter d'arbres les parcelles de terre qu'ils étaient appelés
à occuper, d'une façon permanente, comme dépositaires ou gardiens
de l'entrepôt de la tribu. Le besoin de la propriété est inné dans le
cœur de l'homme ; il se fit jour tôt ou tard chez l'arabe et l'on
finit par considérer comme propriétaire celui qui avait mis en
valeur et revêtu, pour ainsi dire, d'une forme nouvelle, une terre
inculte avant lui.

Tel était, du moins a-t-on lieu de le supposer, l'état de la
propriété avant Mahomet. De même qu'il laissa subsister l'organisation de la famille, il conserva intacte l'organisation de la
propriété. L'occupation et la mise en culture des terres abandonnées, la vivification des terres mortes, pour employer l'énergique
expression arabe, continuèrent à être des modes d'acquérir.
Mahomet toutefois créa un troisième propriétaire, la communauté
musulmane, l'Islam représenté par l'envoyé de Dieu ou son succes-
seur. La légitimité de ce nouveau propriétaire ne pouvait être
contestée. Dieu n'est-il pas le souverain maître et, à vrai dire, les
hommes ne sont-ils pas seulement des usufruitiers ?

« Ils t'interrogeront au sujet du butin. Réponds leur : Le butin
appartient à Dieu et à son envoyé. » Ch. VIII, ver. 1. Tel est le
principe ; mais en récompense de leurs efforts, les vainqueurs
furent autorisés par le Koran lui-même à garder les quatre
cinquièmes de leurs prises ; un cinquième seulement fut prélevé
par le Prophète pour lui-même et les besoins de l'Islam :
« Sachez que lorsque vous aurez fait un butin, la cinquième part
en revient à Dieu, au Prophète, aux parents, aux orphelins, aux
pauvres et aux voyageurs. » Ch. VIII, ver. 42.

De même que le Prophète, en groupant les tribus sous une
même foi, avait créé la nation arabe, de même il songea à
organiser le patrimoine de cette nation, en un mot, le domaine
public. Il le composa du cinquième du butin, de partie des terres
conquises sur l'ennemi et des immeubles dévolus, soit au prince,
soit aux villes saintes, soit à des établissements pieux, par des
particuliers. Les biens, objet de ces pieuses donations, devenaient
de véritables biens de main-morte, inaliénables, imprescriptibles.
La loi musulmane les désigne sous le nom de « habbous. »

Les musulmans ont une conception particulière du droit de conquête en ce qui concerne le sol. Je me permettrai, pour la faire connaître, d'emprunter à M. Zeys un court paragraphe : « Le monde pour les musulmans se divise en deux parties : la maison de l'Islam ou territoire occupé par les sectateurs de l'Islam ; — la maison de l'ennemi, ou le territoire habité par les Infidèles que l'on doit soumettre, combattre ou convertir.

Le territoire islamique se divise à son tour en trois catégories : 1º celui où l'islamisme s'est établi sans coup férir ; 2º celui où il s'est établi par les armes et la conquête violente ; 3º celui où l'Infidèle a conservé ses biens et ses lois en se soumettant à un impôt.

Là où l'islamisme s'est établi pacifiquement, le prince peut faire des concessions, mais sur les terres mortes seulement, les autres étant la propriété privée des musulmans qui les occupent. Dans les régions conquises par l'islamisme, les armes à la main, la concession n'est permise également que sur les terres mortes, les autres étant habboussées, c'est-à-dire séquestrées au profit de la communauté musulmane. Aussi, en ce qui touche ces dernières, le prince n'est-il autorisé à les concéder qu'à titre d'usufruit, limité comme durée soit à la vie du concessionnaire, soit à la vie du concessionnaire et de sa postérité, moyennant une redevance au trésor public.

Enfin les territoires dont les Infidèles ont conservé la propriété à charge de payer un impôt, ne peuvent être concédés à aucun titre, qu'il s'agisse de terres mortes ou de terres vivantes. Aux Infidèles qui les occupent à en disposer d'après leur loi.

La réciprocité est la base du droit international. Au point de vue juridique musulman, il est incontestable que la France est devenue, par le fait de la conquête, propriétaire de toutes les terres vivantes qui appartenaient à l'odjak d'Alger. Elle est devenue aussi l'administrateur du domaine public musulman. Tirons aussi cette conséquence du droit musulman, que l'insurrection étant la rupture du traité intervenu entre le vainqueur et le vaincu qui se soumet à payer l'impôt, le vainqueur reprend le libre exercice du droit de conquête à l'égard des insurgés, et à le droit incontestable de séquestrer leurs propriétés au profit du domaine public.

Lorsque les tribus arabes firent la conquête du nord de l'Afrique, elles se trouvèrent en présence d'un grand nombre de propriétaires. Le nord de l'Afrique avait formé pendant des siècles des provinces romaines ; des villes importantes s'y étaient élevées et la propriété privée s'était largement constituée. En se soumettant à payer un tribut aux vainqueurs arabès, les vaincus conservèrent leurs propriétés et leurs terres mortes. Seuls entrèrent dans le domaine public, les biens de ceux qui, devant le vainqueur, avaient abandonné le territoire.

En résumé : Depuis les temps les plus reculés, la propriété privée a existé chez les tribus arabes ; cette propriété a existé toujours en Algérie ; mais, néammoins, il faut reconnaître que la propriété collective a pris, depuis l'occupation arabe, une importance considérable ; qu'elle a toujours eu une forte tendance à absorber la propriété privée ; et qu'enfin elle s'oppose au développement de la colonisation.

Les causes de cette situation économique sont faciles à déterminer. En maintenant l'autorité absolue du père de famille, le Koran a maintenu l'unité du patrimoine. En proclamant la supériorité de l'homme sur la femme et la toute puissance du mari, il a mis les femmes dans l'impossibilité à peu près complète de revendiquer utilement la part d'héritage qui leur est dévolue. Les mœurs musulmanes, plus sévères que la loi, ne permettent guère aux femmes de gérer leur fortune personnelle, et de choisir pour la gérer, un mandataire en dehors des membres de la famille. De plus, par l'institution du habous, on est parvenu à restreindre les effets de la loi successorale et à dépouiller les femmes. Sachant qu'elles ne peuvent obtenir que difficilement satisfaction, celles-ci transigent et abandonnent aux parents mâles, en échange d'objets mobiliers, leurs parts dans les immeubles.

L'indivision est en outre une conséquence de l'obligation imposée à tout musulman de prendre part à la guerre sainte. Le soldat sous les armes est considéré par la loi comme un incapable. A quoi aurait servi aux hommes jeunes et valides de posséder un patrimoine divis et distinct de celui de leurs parents ! Qui aurait géré ce patrimoine pendant leur absence ? Qui aurait cultivé leurs terres, soigné leurs troupeaux ?

L'administration par la famille des biens des absents était seule possible.

Aussi, bien qu'en droit musulman tout comme en droit français, nul ne soit tenu de demeurer dans l'indivision, l'arabe ne recourt que rarement à la procédure du partage. La propriété reste indivise et des partages provisionnels permettent à chaque branche de la famille, de cultiver une fraction déterminée du patrimoine commun et d'en recueillir les fruits. Chaque fois qu'une succession nouvelle s'ouvre on modifie les attributions primitives.

Le retrait successoral existe en droit musulman sous le nom de droit de Chefaa, mais son application plus étendue qu'en droit français permet non seulement au parent le plus éloigné, mais même à tout membre de la tribu, de repousser l'intrusion d'un étranger, en lui remboursant son prix d'acquisition et les loyaux coûts du contrat.

Enfin certaines propriétés étaient immobilisées par le Habous. Il est indispensable d'entrer à ce sujet dans quelques détails.

L'institution du habous remonte au Prophète. El Bokhari rapporte dans ses hadits, qu'Amar Ben El Kattab, devenu propriétaire d'une terre à Kaïbar, vint un jour trouver le Prophète ; il lui dit qu'il considérait cette terre comme un bien précieux et demanda ce qu'il devait en faire pour être agréable au Très-Haut et mériter ses faveurs : « Mets-la en habous, répondit le Nabi, et distribues-en le prix aux pauvres. » Amar constitua effectivement cette terre en habous, et l'on ne put plus la vendre, la donner, l'engager, ni la comprendre dans un partage de succession.

A l'origine, le habous constitua donc une donation en faveur d'une œuvre charitable, faite par piété et entraînant la dépossession immédiate du propriétaire au profit de l'œuvre dévolutaire; mais, le désir de voir augmenter ces dotations, porta les successeurs du Prophète à autoriser les fondateurs à désigner des dévolutaires intermédiaires, et à les désigner suivant leur seule volonté. On put dès lors prévoir que le habous deviendrait un moyen pour le propriétaire musulman de soustraire ses biens à la dévolution successorale ; d'enlever tous droits à sa femme, à sa mère, à ses filles, à ses sœurs et de maintenir ce qu'il possédait dans sa descendance mâle. (1)

Si la France avait scrupuleusement respecté l'organisation de la propriété, toute tentative de colonisation devenait inutile. Elle puisa dans le fait de la conquête le droit de se substituer au

______

(1) Sautayra.

gouvernement de l'Odjak et devint ainsi propriétaire des territoires qui appartenaient au Beylik. Assurant l'entretien des monuments religieux et le service du culte, il était rationnel qu'elle devint propriétaire des immeubles qui par voie de habous, étaient entrés dans le Domaine public musulman ; mais ces modifications étaient insuffisantes et le gouvernement comprit que pour assurer le développement de la colonisation, il était indispensable deporter une plus sérieuse atteinte au régime de la propriété musulmane.

Le problème de la constitution de la propriété individuelle s'est posé dès les premières années de l'occupation. A maintes reprises, le législateur a tenté de le résoudre ; mais, il faut bien en convenir, l'esprit de méthode a fait défaut.

Le premier document français que l'on trouve sur la matière est l'arrêté du 28 mai 1832, qui a institué en Algérie le régime hypothécaire, mais dont l'art. 10 déclarait que les transactions sur immeubles entre musulmans et entre musulmans et israélites, ainsi qu'entre israélites continueraient à être régies par le droit antérieur.

Aucune sécurité, dès lors, n'était assurée aux acquéreurs européens qui avaient toujours à redouter de se voir évincer par un revendiquant indigène, dont les titres de propriété n'étaient soumis à aucune publicité.

La pratique ne tarda pas à révéler les conséquences désastreuses de ce système. Le législateur essaya d'y rémédier par l'ordonnance du 1er octobre 1844 et surtout par l'ordonnance du 21 juillet 1846, dont les dispositions étaient de nature à consolider rapidement les droits de propriété ; malheureusement, elle ne fut déclarée applicable qu'aux arrondissements d'Alger, d'Oran, de Blidah, de Bône et au territoire de la Calle, de Constantine et de sa banlieue.

La loi du 16 avril 1851, vint constituer régulièrement le domaine public et le domaine de l'Etat, en même temps qu'elle proclamait l'inviolabilité de la propriété, sans distinction entre les possesseurs indigènes et les possesseurs français ou autres. (Art. 10). Elle reconnut, dans son article 11, tels qu'ils existaient au moment de la conquête, ou tels qu'ils avaient été maintenus, réglés ou constitués postérieurement, par le gouvernement français, les droits de propriété et les droits de jouissance appartenant aux particuliers, aux tribus et aux fractions de tribus. Enfin l'art. 12 validait vis-à-vis de l'Etat, les acquisitions d'immeubles en territoire civil faites plus de deux années avant la promulgation de la loi et qui n'avait fait l'objet de la part du domaine d'aucune action en revendication. Ces documents législatifs ont posé les principes et consacré des améliorations réelles, mais partielles. Le problème de la propriété est encore à résoudre, car on ne peut s'en tenir à l'état de choses créé, soit par le sénatus-consulte du 22 avril 1863, dont l'application a été trop tôt interrompue, soit par la loi du 26 juillet 1873, dont les formalités sont aussi ruineuses que compliquées, soit enfin par les prescriptions plus simples mais encore beaucoup trop onéreuses de la loi du 28 avril 1887.

En résumé, la mise en valeur d'une partie du sol algérien par l'élément européen, la naturalisation, pour ainsi dire, de ce sol conquis par la France, est rendue extrêmement difficile par l'organisation de la famille arabe, par ses tendances traditionnelles à ne point sortir de l'indivision. L'absence d'un nom patronymique indiquant la filiation, l'insuffisance et les lacunes de l'état-civil des indigènes, les difficultés que l'on éprouve à transcrire en caractère français les noms arabes, viennent, encore compliquer le problème, et présenter des difficultés que peu d'acquéreurs européens osent braver et sont à même de surmonter.

Ce dont on ne se rend pas suffisamment compte en France, c'est que le régime de la propriété arabe est plus préjudiciable à l'élément indigène qu'à l'élément français. L'indivision empêche le *mariage* de l'homme avec le sol. Le cultivateur arabe ne peut avoir pour le champ indivis qu'il cultive cet attachement, cet amour, pourrait-on dire, du paysan français pour son lopin de terre. Son sort n'est pas indissolublement lié à l'héritage qu'il cultive en vertu d'un partage provisoire. Pourquoi ferait-il des travaux importants, des aménagements coûteux, des améliorations permanentes ? L'homme se résigne à regret à peiner pour lui-même, mais non pour autrui. Ainsi surtout pense l'arabe, dont l'énergie native, affaiblie par le fatalisme, n'est pas aiguillonnée par les besoins que crée la civilisation.

Que ceux qui se préoccupent du sort de l'indigène et sont tentés de croire que c'est en dépouillant l'arabe que les colons ont mis en valeur le sol algérien, que ceux-là, dis-je, viennent visiter l'Algérie et se livrer sur place à une minutieuse enquête agricole. Ils seront bientôt convaincus que, pour la plus grande partie, la propriété française a été conquise sur la broussaille, sur le palmier nain et le jujubier sauvage et que les bras français ont vivifié cette terre morte. Ils verront que le développement de la culture parmi les populations indigènes est d'autant plus sensible qu'elles ont plus de relations avec les colons ; que la ferme française est pour l'enfant arabe, la plus morale et la meilleure des écoles et qu'enfin là, où l'élément colonisateur n'a pas pénétré, l'arabe est resté ce qu'il a toujours été : nomade et pasteur, et a conservé comme au temps de Mahomet la haine de l'arbre et le mépris de la charrue.

CHAPITRE VII

De la Propriété mobilière. — Du Prêt à intérêt. — De l'Usure, — Des Contrats aléatoires. — De la libre circulation des valeurs monétaires. — De leur illégalité en Droit musulman. — Conséquences économiques au point de vue immobilier et au point de vue mobilier.

Les prescriptions de la loi musulmane, en matière mobilière sont tout aussi anti-économiques qu'en matière immobilière.

La solidarité qui unit les musulmans, que le Koran considère comme des frères, a amené Mahomet à proscrire, avec une excessive rigueur, non seulement l'usure, mais encore le prêt à intérêt et à condamner dans les contrats toute stipulation, toute clause pouvant laisser place à une incertitude, à un aléa. Les châtiments les plus terribles sont réservés à ceux qui enfreindront, à cet égard, les prescriptions du Prophète, tandis que les récompenses divines sont assurées à ceux qui pratiqueront largement l'aumône envers leurs coréligionnaires.

« Ceux qui avalent le produit de l'usure se lèveront au jour de la résurrection comme celui que Satan a souillé de son contact... Ceux qui retourneront à l'usure seront livrés au feu où ils demeureront éternellement. » Ch. II, ver. 276.

« O Croyant ! Craignez Dieu et abandonnez ce qui vous reste encore de l'usure. C'est-à-dire, faites remise entière de ce que vos débiteurs vous doivent à titre d'intérêts. » Ver. 278.

« Si vous ne le faites pas, attendez-vous à la guerre de la part de Dieu et de son envoyé. Si vous vous repentez, votre capital vous reste encore. Ne lésez personne et vous ne serez point lésés. » Ver. 279.

« O Croyants ! ne vous livrez pas à l'usure en portant la somme au double. Craignez le Seigneur et vous serez heureux. » Ch. III, ver. 125.

« L'argent que vous donnez à usure pour le grossir avec le bien des autres, ne grossira pas auprès de Dieu ; mais toute aumône que vous ferez pour obtenir les regards bienveillants de Dieu vous sera doublée. » Ch. XXX, ver. 38.

« Dieu anéantit l'usure et multiplie avec usure le prix des aumônes. » Ch. II, ver. 277.

« Si votre débiteur éprouve de la gêne, attendez qu'il soit plus à son aise. Si vous lui remettez sa dette, ce sera plus méritoire pour vous. »

Il serait intéressant de rechercher si le Prophète a eu l'intention d'interdire le prêt à intérêt à l'égard de tous ou entre musulmans seulement. Cette dernière hypothèse me paraît plus acceptable. Les textes prouvent que, dans la pensée de Mahomet, le contraire de l'usure c'est l'aumône, et l'aumône est un devoir qui découle de la fraternité qui doit régner entre musulmans. En outre, Mahomet s'est largement inspiré de la Loi mosaïque :

« Le prêt était permis par la loi hébraïque à l'égard des étrangers. » (*Deutéronome*, ch. XXIII, ver. 20).

Dans ce cas, il n'y avait pas de taux légal pour l'usure ; mais la loi défend formellement qu'un hébreu qui prête à un autre hébreu se fasse payer un intérêt. « Tu ne prêteras point à usure, à ton frère, afin que l'Eternel, ton Dieu, te bénisse en tout ce à quoi tu mettras ta main dans le pays où tu vas entrer pour le posséder. » (*Deutéronome*, ch. XXIII, ver. 20. *Exode*, ch. XXII, ver. 25. *Lévitique*, ch. XXV, ver. 35, 36, 37).

« On a dit qu'il n'y avait dans cette prescription de la loi mosaïque qu'une simple recommandation du prêt gratuit ; mais cette opinion n'est pas admissible, car la gratuité du prêt est une conséquence nécessaire du principe fondamental de la législation mosaïque, la fraternité de tous les hébreux entre eux (1). »

Quoi qu'il en soit, l'interdiction formulée par Mahomet ne fut pas acceptée sans protestation par ses contemporains. Les uns pensaient sans doute que l'argent est une marchandise. Nous trouvons une trace de cette résistance dans le Koran lui-même qui condamne ceux qui disent : « L'usure est la même chose que la vente. Dieu a permis la vente, il a interdit l'usure. »

Avant de pousser plus loin cette étude, il importe de préciser le sens du mot usure dans la langue du Koran. En droit français, ce qui constitue l'usure, c'est la perception d'un intérêt supérieur au taux fixé par la loi. En droit musulman, l'usure est constituée par la perception d'un intérêt quelconque, si faible soit-il. Le prêt doit être un contrat de bienfaisance, une aumône, et le prêteur ne doit avoir d'autre préoccupation que d'obtenir la bienveillance divine.

Cette violation des lois économiques les plus élémentaires, a eu pour conséquence, dès les premiers temps de l'islamisme, de porter atteinte aux habitudes commerciales des arabes qui, de tout temps, s'étaient adonnés au négoce et avaient servi, par leurs caravanes, d'intermédiaires entre l'Europe et l'Asie et l'Afrique. Ils ne cessèrent d'essayer d'échapper par des détours aux exigences de la loi koranique. Ses interprètes, par contre, mirent leur zèle orthodoxe à déjouer les ruses, de telle sorte qu'il n'est pas un seul contrat que le droit musulman n'ait entouré de restrictions dans le but unique d'empêcher l'usure. Toute clause n'ayant pas pour objet un avantage appréciable au moment même de la convention, toute stipulation incertaine sont rigoureusement

---

proscrites. En un mot, il faut que la prestation de l'une des parties soit exactement équivalente à la prestation de l'autre partie.

Ainsi, pour citer quelques exemples empruntés au prêt de consommation, il est défendu à peine de nullité :

De stipuler que la chose prêtée sera rendue dans un autre lieu que celui de la livraison, le changement de lieu pouvant être avantageux au prêteur ou onéreux pour l'emprunteur.

De stipuler le paiement dans une localité éloignée, au moyen d'une lettre de change, d'une somme considérable et coûteuse à transporter ; en sorte que le prêteur, sous prétexte de rendre un bon office à l'emprunteur, s'assure ainsi le transport gratuit, et sans courir aucun danger, du numéraire qu'il semble prêter.

Ces dispositions légales qui puisaient dans le Koran une consécration religieuse ne suffisent-elles pas à expliquer pourquoi les aptitudes commerciales des arabes se sont affaiblies. Il leur était impossible, sans courir le risque de violer leur foi religieuse, de donner libre carrière à leur initiative, de développer leur crédit et d'user de la lettre de change, cet admirable instrument qui a permis à la branche sémitique juive, de triompher des persécutions du moyen âge et d'assurer par le commerce de l'argent, sa fortune en même temps que son indépendance.

L'interdiction du prêt à intérêt a eu pour conséquence de développer l'usure. Celle-ci est devenue d'autant plus âpre et ruineuse, que ceux qui s'y livraient couraient plus de risques.

Au point de vue immobilier, l'interdiction du prêt à intérêt a eu des conséquences non moins fâcheuses. La loi religieuse, ne permet que la vente ; aussi, les propriétaires qui ont besoin d'argent, ne pouvant emprunter sur leurs immeubles, se voient contraints de les vendre à réméré ou de les donner en antichrèse. L'acquéreur à réméré, que menace une clause résolutoire, se garde de toute dépense qui n'est pas immédiatement productive et laisse dépérir entre ses mains l'immeuble qu'il considère, non comme sa propriété, mais un gage.

L'esprit autoritaire du Prophète lui a fait commettre encore d'autres erreurs économiques, M. Seignette cite parmi les restrictions apportées par Mahomet à la liberté des transactions : 1º l'abolition de l'intérêt du capital ; 2º l'interdiction du jeu et de tout contrat aléatoire ; 3º certaines entraves à la circulation du signe monétaire, et des matières d'or et d'argent ; 4º certaines restrictions à la liberté du commerce des céréales et des denrées alimentaires. Le savant auteur se demande quel est le résultat obtenu par l'application rigoureuse de cette vieille théorie qui consiste à considérer la liberté comme dangereuse, et à modifier, par l'intervention incessante du législateur, les conditions économiques de la Société. Je ne puis mieux faire que de le citer textuellement :

« Jamais homme dans le monde n'a eu, comme Mahomet, le pouvoir de faire un essai de cette vieille théorie d'une façon aussi concluante ; jamais aucune loi n'a eu l'autorité que celle-ci puise dans la foi religieuse et inaltérable des peuples, fondée sur l'orgueil national et la terreur de la répression. Cependant, cette expérience faite et continuée pendant des siècles, semble avoir démontré, une fois de plus, que la loi positive, lorsqu'elle veut empiéter sur le domaine de la conscience et intervenir dans le libre jeu des transactions humaines, non seulement devient impuissante, mais atteint le plus souvent le but opposé à celui qu'elle se propose. »

En effet, par la proscription de l'intérêt du capital, la Société musulmane, sans échapper à l'usure qui la rongeait, perdit non seulement ce puissant levier de civilisation, qui est le crédit, mais aussi l'esprit de l'épargne honnête, sans lequel l'homme et les peuples sont exposés à périr.

De même, par la proscription du jeu presque dans ses combinaisons les plus avouables, l'esprit d'aventure, qui avait fait des arabes les premiers commerçants du monde, tendit à disparaître ; et, cette cause occulte agissant à la longue avec la précédente, finit par arrêter le brillant essor de leur commerce et tarir pour eux cette source de la richesse des nations.

Plus graves encore dans leurs effets, furent les restrictions apportées à la libre circulation du signe monétaire et des métaux précieux, et celles apportées au commerce et à l'échange des denrées alimentaires ; car, sans prévenir aucune crise ni aucune famine, sans empêcher le paupérisme ni les fortunes scandaleuses de quelques spéculateurs, les deux principes de la vie des peuples, l'échange et la production, le commerce et l'agriculture se trouvèrent atteints.

En réalité le mal fut moins intense que l'on ne serait tenté de le supposer, car quelques-unes de ces dispositions finirent par tomber en désuétude. Je ne pense pas qu'il existe aujourd'hui parmi les musulmans, même les moins éclairés, un juge qui soit tenté de les faire revivre. Cependant, elles ne peuvent pas être effacées de la loi et plusieurs n'ont jamais cessé d'être observées. Elles ont été et sont encore, selon nous, une des causes principales de l'état actuel des peuples musulmans et de l'énorme distance qui les sépare des autres nations, sous le rapport de la prospérité matérielle et des progrès de la civilisation (1). »

(1) SEIGNETTE. Introd. XXXII.

TROISIÈME PARTIE

MODIFICATION

QUE LA FRANCE

PEUT APPORTER DANS L'ORGANISATION ACTUELLE

DE LA SOCIÉTÉ MUSULMANE EN ALGÉRIE

MODIFICATION

QUE LA FRANCE PEUT APPORTER DANS L'ORGANISATION ACTUELLE
DE LA SOCIÉTÉ MUSULMANE EN ALGÉRIE

CHAPITRE VIII

Mission de la France. — Ce qu'était l'Algérie avant l'occupation ; ce qu'elle est aujourd'hui

J'ai indiqué les principales conséquences sociales, civiles et économiques du Koran. Tout homme d'étude qui voudra remonter aux sources, interroger l'histoire des peuples musulmans et se rendre compte de leur rapide prospérité et de leur décadence, non moins rapide arrivera à cette conclusion que ces peuples sont victimes de leur foi religieuse. Le fatalisme, l'avilissement de la femme, l'indivision de la propriété, l'interdiction du prêt à intérêt et l'usure qui en est la conséquence, ont tari dans cette race, pourtant si fortement trempée, les sources de la vie sociale. Il ne reste plus à l'Arabe d'énergie que pour la guerre.

Appartient-il à la France de réagir contre cet état de choses, d'éveiller les populations musulmanes de leur torpeur, de les convier à prendre leur part des luttes du monde moderne ?

Certes, la France manquerait à sa mission civilisatrice si elle ne songeait à relever le niveau moral des indigènes. Ce devoir, elle en a eu la conception très nette dès le début de l'occupation, et tout historien impartial affirmera que la conquête a inauguré, pour les indigènes, une ère de protection, de bien-être et de justice.

Que de fois, il m'a été donné de recueillir de la bouche des vieillards de ma ville natale le récit des exactions des Turcs ! Que de fois ils m'ont tracé le sombre tableau de l'anarchie qui désolait ce malheureux pays. Toujours la guerre suivie d'incendies, d'assassinats, de viols et de pillages. Partout les faibles opprimés, les pauvres sacrifiés, une justice vénale, une administration sans contrôle, l'impôt mis en recouvrement au moyen d'expéditions militaires, les haines religieuses au service de toutes les rancunes et de toutes les cupidités, les Juifs sans cesse dépouillés, l'esclavage s'étalant sur tous les marchés, le territoire presque entier laissé en friches : voilà ce qu'était Tlemcen et sa région avant l'occupation française. Cinquante ans à peine se sont écoulés et combien le tableau s'est éclairci ! Si quelques grands chefs ont disparu, si quelques familles puissantes ont perdu de leur influence, par contre, les humbles, les khammès ne reçoivent plus la bastonnade ; par contre, la France a reconnu à des milliers de cultivateurs des droits de propriété sur des terres qui appartenaient autrefois à la tribu et qu'ils n'avaient jamais cultivées que pour un maître. La sécurité est assurée aux indigènes, la justice leur est rendue, soit par des magistrats musulmans dont une discipline sévère réprime souvent, si elle ne les prévient pas toujours, les écarts et les faiblesses, soit par des magistrats français dont on a pu quelquefois récuser la compétence en matière musulmane, mais dont nul n'a jamais suspecté la scrupuleuse probité. L'ordre a été introduit dans les finances, des agents français surveillent avec une rigoureuse attention l'assiette de l'impôt ; le recouvrement des taxes est entouré des plus minutieuses garanties, si bien que l'un des principaux bienfaits de l'occupation est d'avoir mis à peu près fin aux exactions de tous les agents indigènes qui détiennent une parcelle d'autorité.

Voilà ce qui a été fait. C'est beaucoup si l'on tient compte du peu de temps écoulé et des difficultés des premières années ; c'est peu si l'on songe à ce qui reste à faire ; mais l'importance de la tâche à remplir ne doit pas nous rendre injustes et nous faire méconnaître les services rendus à l'Algérie, et par conséquent à la France, par nos devanciers, soldats, administrateurs, magistrats ou colons, qui ont fait leur devoir, ont payé de leur personne et ont prouvé qu'ils conservaient avec un égal souci, la religion du drapeau et le culte des traditions civilisatrices de la patrie française.

CHAPITRE IX

Quelles sont les réformes actuellement compatibles avec le respect des promesses faites aux indigènes ? — Quelles seraient les conséquences d'une réforme religieuse de l'Islam ? — Les doctrines Islamiques peuvent-elles être combattues utilement par le prosélytisme chrétien, ou la critique philosophique ? — Instruction des filles, des garçons.

Essayer de porter atteinte aux croyances religieuses des indigènes n'est point notre rôle. La France a pris par la capitulation de 1830, l'engagement de respecter la religion des vaincus ; elle doit tenir sa parole. Le domaine de la conscience religieuse échappe au législateur. Le vaincu a le droit de conserver ses croyances et ce serait un singulier spectacle que la France donnât, en Algérie, l'exemple de l'intolérance réligieuse, alors que la loi Musulmane respecte la religion des vaincus, s'ils se soumettent à payer un tribut. Tout au plus le vainqueur, libre de tout engagement, pourrait-il proscrire la polygamie que la loi française considère comme un crime, et dont la tolérance constitue une dérogation à ce principe, universellement consacré par toutes les législations, que les lois pénales et de police obligent tous ceux qui habitent le territoire. Je n'insisterai pas sur ce point, car, nul en France, ni en Algérie, ne songe à faire œuvre de polémique religieuse et à demander au Parlement de proscrire telle ou telle croyance.

J'ai entendu des hommes de valeur soutenir qu'en distribuant largement l'instruction aux indigènes, on les entraînerait dans le courant de la vie européenne, on multiplierait les points de contact et l'on parviendrait à les conquérir à nos principales idées. Je ne crois guère à la réalisation prochaine de ce beau rêve et je vais donner mes raisons.

Je rappellerai au lecteur que la loi civile Musulmane fait partie intégrante de la loi religieuse, et qu'on ne peut porter atteinte à l'une sans violer l'autre. Il est donc impossible de créer un antagonisme entre les conseils de la conscience et les prescriptions de la loi positive. Le Musulman n'est pas sollicité, par les besoins de la vie, à échapper aux préceptes religieux.

Une religion du reste ne se modifie que par l'hérésie, l'avènement d'un dogme nouveau ou l'empiétement des idées philosophiques. Aucunes de ces hypothèses n'est à prévoir pour l'Islam.

La religion musulmane, plus que toute autre, est fixe et immuable dans ses dogmes. Depuis douze siècles elle a subi l'épreuve du temps. Si une réforme se produit, il est facile de prévoir qu'elle aura pour tendance de ramener l'Islam à sa pureté primitive. Il suffit, pour s'en convaincre, de se rappeler quel a été en Arabie, le caractère de la réforme Wouhabite et de songer aux efforts des confréries religieuses pour réunir en un seul faisceau toutes les forces musulmanes du nord de l'Afrique. L'Islam se sent menacé par les nations et les idées européennes. La France occupe l'Algérie et la Tunisie, l'Italie a une influence prépondérante en Tripolitaine et prend l'Afrique à revers par l'Abyssinie. L'Angleterre a pris possession de l'Egypte et tient sous son autorité les musulmans de l'Inde ; la Russie enserre en Europe la Turquie, en Asie la Perse. Cette action constante, cette infiltration incessante de l'élément européen dans les contrées soumises au Koran, sont des faits dont les populations musulmanes apprécient instinctivement les conséquences. Le sentiment de la conservation les incite à réagir contre l'action européenne et à demander à l'exaltation de la foi religieuse, et à la mise en pratique des prescriptions Koraniques, la protection divine contre l'envahissement des Infidèles. Toute réforme religieuse aurait pour conséquence de creuser plus profondément l'abîme qui sépare le monde musulman du monde européen, les Croyants des Infidèles.

Les mêmes raisons s'opposent à ce que l'Islam soit entamé par le prosélytisme chrétien. Le christianisme n'apporterait pas aux musulmans un dogme nouveau. L'unité de Dieu, la croyance à la révélation hébraïque et à la vie future, servent de fondement aux deux religions. Elles se trouvent en présence depuis des siècles et l'Histoire constate que l'Islam conserve ses fidèles.

La critique philosophique ne saurait exercer non plus une action sensible. L'étude des systèmes philosophiques est le partage des sociétés riches qui conservent intact le soin des choses de l'esprit, et, même dans ces sociétés, une élite peu nombreuse se livre seule aux spéculations métaphysiques. Les musulmans, sous l'influence stérilisante du Koran, ont depuis longtemps renoncé à ces études. Les Universités arabes n'ont conservé de leur splendeur passée qu'un attristant souvenir. Le monde musulman ne peut revendiquer aucune découverte, aucune invention nouvelle. Il m'a été donné de m'entretenir avec de brillants élèves de la Medersa de Fez, avec des jurisconsultes musulmans réputés pour leur savoir et j'ai toujours constaté leur incompétence absolue en histoire, en géographie, en sciences mathématiques ou naturelles. Leur bagage consiste à posséder le Koran et ses commentaires, Sidi Khalil et ses interprètes, et à connaître, dans ses règles les plus minutieuses et les moins rationnelles la grammaire, arabe. L'esprit de méthode, les généralisations synthétiques leur font défaut. La suprême érudition consiste à multiplier les difficultés de la langue, les exceptions, les rapprochements bizarres.

A supposer que l'arabe soit à même de recevoir un enseignement philosophique, quel est celui qu'on pourrait lui offrir, quelle serait la doctrine assez solide pour lui tenir lieu de cette religion qui inspire et dirige chacun des actes de sa vie ? Où est la vérité philosophique ? Qui départagera même en France, spiritualistes et matérialistes ?

Telles sont les considérations qui me font penser que l'assimilation des Indigènes est une utopie généreuse qui ne deviendra une réalité qu'après des siècles ! Quelles révolutions amèneront la fusion du monde musulman et du monde chrétien, il serait présomptueux de songer à le prévoir. Il est plus sage de consacrer nos efforts à nous rendre un compte exact de la situation présente, et de rechercher les moyens pratiques de nous assurer de la fidélité des sujets musulmans en rendant leurs intérêts matériels solidaires des nôtres. Ce résultat on ne l'obtiendra guère par l'instruction. Les partisans les plus ardents de ce système verraient s'amoindrir leurs illusions s'ils passaient seulement trois mois dans une ville arabe, et consacraient leurs loisirs à fréquenter spécialement ceux d'entre les indigènes qui ont suivi le plus longtemps nos écoles, et ont obtenu les plus beaux succès universitaires.

En Algérie on a beaucoup fait pour l'instruction. Le moindre village a son école primaire et les efforts les plus constants ont été faits pour amener les enfants indigènes à se joindre aux nôtres. Si ces efforts ont été infructueux, la faute en est aux indigènes, à leur manière de vivre, à leur susceptibilité religieuse. Qu'il me soit permis à cet égard d'entrer dans quelques détails.

Nous avons vu que le Koran considère la femme comme un être inférieur, incapable de s'occuper de choses sérieuses et de se diriger elle-même ; qu'il la condamne à une oppression à peu près constante ; celle du père d'abord, celle du mari ensuite. Les mœurs ont encore exagéré ces principes.

Comment admettre dans ces conditions que le père de famille consente à instruire, c'est-à-dire à affranchir intellectuellement et moralement sa fille, alors qu'il lui refuse le droit de disposer de sa personne et de son cœur ?

Que de fois des indigènes, et des plus libéraux, m'ont dit : L'instruction ne peut faire des filles que des révoltées. Quand je leur objectais qu'au beau temps de la civilisation arabe, certaines femmes avaient brillé par leur esprit et leur savoir ; que, même encore de nos jours, on cite quelques grandes familles musulmanes dont les filles lisent et écrivent l'arabe ; ils m'ont toujours répondu : Nous savons que, dans l'ancien temps, des filles de roi ont été des savantes ; mais alors les mœurs étaient pures et l'Islam régnait partout. Nous ne voyons aucun inconvénient à ce que les filles riches qui auront de nombreuses servantes lisent le Koran ; elles apprendront à connaître leurs devoirs. Mais pourquoi une fille serait-elle versée dans une langue étrangère ? Quel profit retirerait-elle de son instruction ? Son devoir n'est-il pas de rester voilée devant tout homme qui n'est pas un parent rapproché ? Tout entretien avec les Infidèles ne lui est-il pas interdit ? La femme est faible ; elle est fille du péché ; le monde est plein de tentations ! Voile tes femmes, ne les laisse sortir qu'avec ta mère et crains le Chitan !

Je suppose que triomphant de toutes les résistances, dissipant toutes les appréhensions, nous parvenions à attirer les filles musulmanes dans nos écoles ; quelles seront les conséquences ?

On reconnaîtra bien qu'une fillette ne peut guère aller à l'école avant six ans, qu'il faudra bien près de deux ans pour obtenir d'elle qu'elle puisse comprendre un peu le français et se faire comprendre. Ce premier point acquis que lui enseignera-t-on ? La langue française, un peu de calcul, un peu d'histoire et de géographie ? Bien mince sera son bagage, quand, aux premiers symptômes de la puberté si hâtive pour la race arabe, elle devra rentrer au logis et deviendra l'objet d'une rigoureuse surveillance.

En donnant l'instruction à la fille arabe, ferons-nous quelque chose pour son bonheur ? Non. Si elle a acquis dans nos écoles de réelles notions de morale et le sentiment de sa dignité, le retour dans la famille lui sera pénible. Quand elle saura qu'elle est une personne consciente et libre, elle trouvera plus odieux le droit de djebr et la tyrannie maritale. Nous ne ferons que des révoltées ou des victimes.

L'expérience a été faite. Après les années désastreuses de 1866 et 1867, de nombreux enfants arabes ont été recueillis et élevés. Les orphelinats leur ont donné en même temps que l'enseignement primaire, un enseignement professionnel. Que sont devenues les filles quand, à leur majorité, elles ont été abandonnées à elles-mêmes ? Repoussées des Musulmans qui voyaient en elles des renégates et qui, au surplus, n'auraient pu leur faire perdre les habitudes acquises et les ployer aux exigences de la vie arabe, elles ont été repoussées des Européens peu soucieux d'épouser des femmes tatouées portant la trace indélébile de leur origine et de leurs infortunes.

L'instruction des garçons peut donner de bons résultats. Posséder une langue vivante équivaut à posséder un capital. L'indigène qui parle le français est susceptible de rendre de nombreux services et trouve plus facilement à s'employer. Il est donc de l'intérêt des garçons arabes d'apprendre non seulement notre langue, mais encore les premiers éléments du calcul ; et du devoir de la France de leur donner, dans la mesure du possible, les moyens d'acquérir l'instruction primaire. Toutes les écoles primaires leur sont ouvertes, ils y sont reçus avec plaisir et traités avec une bienveillance toute spéciale. Dans certaines villes, où la population indigène est importante, des écoles arabes-françaises ont été créées. Si l'on veut se livrer à une enquête attentive, et se rendre compte des résultats obtenus, aussi bien que des obstacles qui s'opposent à la diffusion de l'instruction chez les indigènes, on constatera que l'Arabe est peu soucieux d'envoyer ses enfants dans nos écoles. Il aime mieux les confier aux Thobbas des douars, ceux-là du moins savent le Koran et peuvent l'enseigner aux enfants de la tribu sans être soumis à la surveillance de l'autorité française ; ceux-là sont orthodoxes et offrent, pour la pureté de la foi, des garanties que ne présentent pas ces musulmans attiédis qui, pour toucher les appointements que leur sert l'infidèle, consentent à laisser dans l'ombre les vrais principes de la loi.

L'école arabe-française de Tlemcen a fait quelques bons sujets. Cent cinquante élèves en moyenne suivent ses cours et, chaque année, quelques-uns d'entre eux obtiennent le certificat d'études primaires. Ces succès sont dûs, en grande partie, au dévouement infatigable, au savoir éprouvé, à l'expérience du directeur. Les parents envoient volontiers leurs enfants à cette école ; mais je crains que ce soit là un fait isolé. La population indigène de Tlemcen se compose de deux éléments distincts : les Koughoughli et les Hadri. Les Koughoughli, ou sang-mêlés, sont les fils des soldats turcs et des filles du pays. Ce sont les descendants des anciens vainqueurs. et leurs pères ont laissé des souvenirs qui prouvent que nos devanciers sur la terre algérienne savaient se faire craindre des vaincus. Les Koughoughli ont été les premiers à se ranger sous le drapeau français ; les fils des principales familles se sont distingués dans toutes nos guerres par leur fidélité à notre cause, et l'intrépidité de leur bravoure. Ce sont ces turcs d'origine, ces fils des anciens oppresseurs qui envoient le plus volontiers leurs enfants à nos écoles et sollicitent pour eux, après l'obtention du plus humble diplôme, un emploi d'expédition- naire soit dans les bureaux des administrations, soit dans les études des officiers ministériels. Leurs demandes sont accueillies d'autant plus favorablement, que les enfants bénéficient des servi- ces rendus par les pères.

Arabes d'origine, opprimés par les Turcs jusqu'au jour de l'occupation française, les Hadri se considèrent comme les vrais maîtres du sol. Ils n'ont jamais pardonné aux Turcs. La France n'a pu adoucir les regrets que leur a laissés la conquête, qu'en leur assurant une sécurité, un bien-être et une indépendance qu'ils n'avaient jamais connus. Les Hadri montrent beaucoup moins d'empressement à envoyer leurs enfants à l'école ; ils sont moins disposés à se rapprocher de nous.

On a souvent fait l'éloge des écoliers arabes et nombre de touristes sont séduits par la physionomie éveillée et intelligente des bambins indigènes. Je dirai à cet égard tout ce que je pense. La race arabe est précoce, et l'enfant acquiert, pendant les premières années, un développement que beaucoup d'écoliers européens pourraient lui envier.

Cette précocité ne tarde pas cependant à être préjudiciable aux indigènes. L'organisation de la famille arabe, l'infériorité de la femme, l'extrême liberté du langage, le relâchement des mœurs — conséquence forcée de la polygamie et des répudiations arbitraires — la conviction qu'a tout gamin de douze ans qu'il est supérieur à toute femme, même à sa mère, détruisent, dans la conscience du garçon, la notion de la moralité. Aussi dès que la crise de la puberté se produit, le garçon s'adonne au plaisir avec une fougue d'autant plus grande que ni l'éducation, ni les exemples de la famille, ni le respect des convenances ne viennent modérer les exigences précoces des sens et l'ardente énergie de la race. Dès ce moment, l'écolier modèle devient un paresseux. Il fuit l'école, il veut la vie libre.

Si l'instruction peut assurer aux garçons indigènes de sérieux avantages, elle n'a point pour effet de les rapprocher sensiblement de nous et de leur faire apprécier le mérite de notre civilisation et la supériorité de notre état social. De nombreux exemples confirment cette appréciation. Ceux des indigènes qui ont le plus longtemps fréquenté nos écoles et se sont le plus mêlés en apparence à la vie européenne, restent musulmans, toujours musulmans, et ne tardent pas à racheter par le zèle religieux de leur âge mûr, les écarts et les défaillances de leur prime jeunesse. Ce n'est point leur faute, car l'enseignement primaire ne peut donner à l'intelligence d'un homme assez d'ampleur, à son caractère assez d'énergie, pour lui permettre d'échapper aux influences religieuses, à l'action de la famille et du milieu social. C'est une naïveté d'espérer que l'instruction donnera aux indigènes la force morale qui leur serait nécessaire pour franchir l'abîme que le Koran a creusé entre eux et nous.

CHAPITRE X

De la protection à donner à la femme ; une lacune de l'état civil indigène, nécessité de constater par un acte du cadi les mariages et les répudiations. — Des tuteurs musulmans, réforme concernant la tutelle.

Quelques réformes prudentes et bien étudiées auraient sur les indigènes une action plus rapide que l'instruction. On se préoccupe beaucoup de l'homme arabe, mais pas assez de la femme et de l'enfant. Pourtant ce sont eux qu'il est surtout de notre intérêt et de notre devoir de protéger contre la cupidité ou la tyrannie du chef de famille. C'est en prenant la défense des faibles, en leur faisant sentir chaque jour les bienfaits de notre intervention, que nous pourrons faire, à la longue, la conquête morale des indigènes.

Le mariage, surtout dans les tribus, est un monstrueux marché. Le père, et en son absence, le frère, l'oncle, le cousin marient ou pour mieux dire vendent le plus souvent, sans la consulter, leur parente ; ce sont eux qui encaissent la plus grande partie de la dot.

Cette spoliation leur est d'autant plus facile que pour prouver qu'un mandat à fin de mariage a été donné, et qu'un mariage a été célébré, il suffit de la déposition de deux témoins.

On remédierait à cet abus dans une certaine mesure, si l'on exigeait, quand le consentement de la femme est nécessaire au mariage, qu'elle comparût en personne devant le cadi pour désigñer son mandataire ; et si, la loi prononçait la nullité de tout mariage, dont la célébration ne serait pas constatée par acte du cadi.

Le législateur devrait déterminer l'âge auquel le garçon et la fille seraient aptes à contracter mariage. Justification de l'âge requis serait faite devant le cadi, soit par la production d'un acte de l'état civil, et à défaut, d'un acte de notoriété reçu par le cadi lui-même, et constatant que ce magistrat a prévenu les témoins qu'ils seraient passibles d'amende au cas où leurs dépositions seraient reconnues mensongères. Que de fois sur les affirmations inexactes d'une matrone, des filles non encore nubiles ont contracté mariage ! Elle serait empreinte d'une haute moralité la loi qui fixerait à quatorze ans pour la fille musulmane, à seize ans pour le garçon, l'âge requis pour la validité du mariage.

Il serait indispensable également que toute répudiation définitive fut constatée par un acte du cadi. La nécessité d'aller devant le magistrat, empêcherait un certain nombre de répudiations, qui sont souvent la conséquence d'un mouvement de colère irréfléchi. On donnerait ainsi une garantie aux femmes.

Enfin les actes constatant des mariages ou des répudiations volontaires, ainsi que les jugements prononçant des divorces, devraient être transcrits sur des registres spéciaux, traduits en marge par un interprète assermenté, et copie de la traduction devrait être envoyée dans le mois, par les soins du parquet, à l'officier de l'état-civil du domicile des intéressés. On comblerait ainsi une lacune de l'état-civil des indigènes, et l'on permettrait aux intéressés d'obtenir des renseignements utiles.

Le cadi est actuellement le tuteur de tous les orphelins musulmans de sa circonscription. S'il veut remplir ses devoirs, il a beaucoup trop à faire. Dans la plupart des cas, il délègue la tutelle à un proche parent et se décharge ainsi de toute surveillance et de toute responsabilité. Ce proche parent, sous le nom de Mokaddem, agit à sa guise et généralement fait sienne la fortune de son pupille. La loi musulmane ne détermine pas avec assez de précision les attributions du tuteur, et l'âge où prend fin la minorité. Les pouvoirs que la jurisprudence reconnaît au tuteur sont trop étendus, ou tout au moins auraient besoin d'être controlés. Le Mokaddem, sur la simple autorisation du cadi, peut aliéner à l'amiable les biens de son pupille. Il serait bon qu'un texte de loi vint préciser les droits du tuteur ; fixer à un âge précis la cessation de la minorité, et déterminer les formes de la reddition du compte de tutelle.

La suppression radicale, absolue de toute constitution de habbous, s'impose également. On rentrerait ainsi dans la sincérité du droit musulman, et l'on assurerait aux femmes la jouissance de leur part héréditaire.

Ces réformes ne portent pas atteinte au fond du droit musulman ; elles n'intéressent pour ainsi dire que la procédure et les modalités de la preuve ; aussi seraient-elles acceptées sans résistance par la majorité des musulmans. Elles auraient pour conséquence de mettre un terme à de nombreuses spoliations, et de prouver chaque année à un certain nombre d'indigènes, que la France s'est donné pour mission de protéger les faibles.

On s'étonnera peut-être de me voir attacher une aussi grande importance à des réformes d'un ordre aussi secondaire. Avocat ou avoué depuis dix sept ans, que de fois il m'a été donné de constater l'impuissance où se trouve la femme, de défendre son patrimoine contre son mari et ses parents ; où se trouve le mineur d'obtenir un compte régulier de son tuteur, et, s'il l'obtient, de recouvrer sa fortune. Que de haines n'ont pas d'autres causes !

Je ne puis, dans cette étude, qu'indiquer quelques points principaux. Une enquête sur place permettrait à la Commission sénatoriale de recueillir de nombreux renseignements, de précieux documents, et d'étudier une réforme digne de sa haute mission.

CHAPITRE XI

Ce que doit être la réforme de la Propriété. — La voie à suivre est indiquée par des études spéciales

Délimiter le domaine national, public et privé et le domaine communal ; constituer la propriété privée ; soumettre toutes les transmissions immobilières à un mode de publicité efficace et peu coûteux, permettant à tout intéressé de connaitre exactement et l'immeuble qui fait l'objet du contrat, et tous ceux qui ont des droits réels sur cet immeuble ; tels sont les principaux problèmes dont la question de la propriété comporte la solution.

Je ne proposerai pas un système. On trouve dans des traités spéciaux écrits avec une compétence qui me fait défaut, et dans les nombreux arrêts de la Cour d'Alger, les principales données du problème. Je me bornerai à présenter quelques courtes observations.

Le sénatus-consulte du 22 avril 1863, a reconnu aux tribus la propriété définitive des territoires dont elles n'avaient eu jusque-là que la possession traditionnelle et permanente ; mais il a réservé les droits de l'Etat à la propriété des biens du Beylik et ceux des propriétaires de biens melk. Le domaine public, tel qu'il est défini par l'art. 2 de la loi du 16 juin 1851 ; le domaine de l'Etat et notamment les bois et forêts étaient également réservés.

L'article 2 disposait qu'il serait procédé administrativement et dans le plus bref délai : 1º à la délimitation du territoire des tribus ; 2º à leur répartition entre les différents douars de chaque tribu du Tell et des autres pays de culture, avec réserve des terres qui devaient conserver le caractère de biens communaux ; 3º à l'établissement de la propriété individuelle entre les membres de ces douars, partout où cette mesure serait reconnue possible et opportune.

Cet article traçait très nettement et très heureusement le programme de l'organisation de la propriété. Un décret du 23 mai suivant, indiquait la procédure qui serait suivie pour arriver à la réalisation du programme. On se mit à l'œuvre. Les évènements de 1870, survinrent ; une circulaire du Commissaire de la République, du 19 décembre 1870, vint suspendre les deux premières opérations prescrites par le sénatus-consulte. La troisième, l'établissement de la propriété individuelle, fit l'objet de la loi du 26 juillet 1873.

Si les deux premières opérations n'avaient pas été abandonnées, il est permis de penser que depuis longues années déjà, la colonisation libre aurait pris possession, par le seul jeu des transactions, de vastes territoires encore incultes et abandonnés au palmier-nain.

D'excellentes intentions ont présidé à la préparation et à la discussion de la loi du 26 juillet 1873, mais cette loi n'a point donné les résultats qu'on en attendait. La procédure compliquée qu'elle prescrit, les difficultés que provoque son application, les dépenses considérables qu'entraîne son exécution, le temps infini qui s'écoulera avant qu'on ait pu l'appliquer partout, démontrent, mieux que tous les arguments, qu'elle n'a pas résolu le problème.

La loi du 28 avril 1887 a simplifié les choses ; mais son application est encore coûteuse et compliquée. Un procès, soumis tout récemment au tribunal de Tlemcen, a fourni la preuve que les opérations prescrites par cette loi avaient couté plus de neuf cents francs, alors que la terre vendue avait seulement une valeur de sept cents francs.

Les dispositions transitoires de la loi du 26 juillet 1873, prescrivent pour sauvegarder les droits des tiers, de minutieuses précautions dont l'utilité pratique est fort contestable. L'acquéreur est tenu de faire dans le *Mobacher* et dans un journal de l'arrondissement des biens, au moins deux insertions en langue arabe et en langue française. Peu nombreux sont les indigènes qui savent lire ; le *Mobacher,* journal officiel, ne compte guère de lecteurs que parmi les fonctionnaires et les officiers ministériels. Les insertions arabes, fort coûteuses, n'ont jamais donné aucun résultat.

Il serait plus simple de se contenter d'une ou deux insertions françaises dans l'un des journaux de l'arrondissement ; de faire afficher un extrait du contrat en langue arabe dans le prétoire du tribunal, des justices de paix et des mahakmas de l'arrondissement; et de faire procéder, sous la surveillance des cadis, à deux publications orales sur les marchés de la région et sur la porte des mosquées, un jour de vendredi.

Tous les contrats ayant pour objet la transmission des droits réels immobiliers, intervenus même entre musulmans, et relatifs à des immeubles situés dans les territoires non encore soumis à la loi française, devraient être soumis, sans aucune exception, à la formalité de la transcription.

L'établissement du cadastre devra servir de point de départ à toute réforme d'ensemble du régime de la propriété. Quand il sera toujours possible d'indiquer les limites précises de l'immeuble vendu, une purge spéciale et rapide mettra la propriété à l'abri de revendications indéfinies. Je n'insisterai pas sur ce point. Les résultats obtenus en Tunisie, le rapport présenté par M. Dain au sujet de l'établissement de l'acte Torrens, les monographies publiées par la *Revue de l'Ecole de droit d'Alger*, ont montré la voie à suivre. Que l'on y entre hardiment, et que l'on soit bien convaincu que les formalités, longues, multipliées et ruineuses sont, en définitive, supportées par la propriété, c'est-à-dire par le vendeur indigène.

L'organisation judiciaire est de la part des indigènes l'objet de certaines critiques. Il semble que les justiciables musulmans regrettent les restrictions apportées à la juridiction des cadis par les décrets des 10 septembre 1886 et 27 avril 1889. Avant de rechercher si ces critiques récentes sont fondées, il est indispensable de faire, en quelques lignes, l'historique des modifications nombreuses apportées, depuis la conquête, à l'organisation judiciaire, et de montrer par combien d'étapes successives, on est arrivé à restreindre les attributions et la compétence des cadis.

Au lendemain même de la conquête et de l'effondrement du gouvernement turc, la France s'est vue dans la nécessité d'organiser la justice. Un arrêté du général en chef du 9 septembre 1830 institua un tribunal spécial composé d'un président, de deux juges, d'un procureur du roi. Des juges musulmans et israélites venaient s'adjoindre à ce tribunal quand des musulmans ou des israélites étaient en cause. Les consuls conservaient leur juridiction sur leurs nationaux.

Cette organisation fut modifiée par un nouvel arrêté du 22 octobre 1830, dont l'art. 1er disposait que : toutes les causes entre musulmans, tant au civil qu'au criminel, seraient portées devant le cadi maure pour y être jugées par lui, souverainement et sans appel, d'après les règles et suivant les formes instituées dans le pays.

C'était reconnaître au cadi la plénitude de juridiction en toute matière, entre musulmans. L'art. 3 allait encore plus loin, car il saisissait le cadi de toute contestation, civile ou criminelle, entre musulmans et israélites.

Reconnaître au cadi une compétence en matière criminelle, c'était abandonner dans une certaine mesure les droits de souveraineté de la France. On le comprit, et l'ordonnance royale du 10 août 1834 saisit les tribunaux français de toutes les infractions aux lois de police et de sûreté, quelle que fût la religion ou la nation de l'inculpé, ainsi que de tous les crimes et délits commis par des Français, des Israélites ou des Étrangers, ou commis par des Musulmans indigènes au préjudice de Français, d'Israélites ou d'Étrangers.

Les tribunaux français furent déclarés compétents en toute matière, pour les litiges intervenant entre Français, entre Français et Indigènes ou Étrangers, entre Indigènes de religion différente, entre Indigènes et Étrangers, enfin entre Indigènes de la même religion, quand ils y consentaient.

L'ordonnance du 26 septembre 1842 ne laissa aux cadis que la connaissance des affaires civiles et commerciales dans lesquelles des musulmans étaient seuls en cause. Les musulmans conservaient en un mot leur statut personnel et leur statut réel.

L'art. 43 reconnaissait en outre aux cadis le droit de constater et rédiger, en forme authentique, les conventions dans lesquelles les musulmans étaient intéressés.

Des modifications de détail furent apportées à cette organisation par les décrets des 1er octobre 1854 ; 21 décembre 1859 et enfin 13 décembre 1866, qui refondit toutes les dispositions antérieures, organisa la justice musulmane d'une façon complète, créa une procédure spéciale et détermina les conditions de l'appel.

Il convient de signaler dans ce décret, la disposition en vertu de laquelle la déclaration faite dans un acte, par des musulmans, qu'ils entendent contracter sous l'empire de la loi française, entraîne l'application de cette loi et en même temps la compétence de la justice française ; mais, convaincu sans doute que les frais et les lenteurs de la procédure effraieraient le justiciable musulman et l'empêcheraient de s'adresser à notre justice, le rédacteur du décret décida que le juge de paix serait substitué au cadi et que la procédure serait celle suivie devant les justices de paix, sauf quelques modifications.

Enfin, le même décret donnait aux Musulmans la faculté de porter, d'un commun accord, leurs contestations devant le juge de paix, et de lui demander de les trancher suivant les prescriptions de la loi musulmane.

Les décrets des 10 septembre 1886 et 17 avril 1889 ont développé les dispositions que je viens de rappeler et ont fait, du juge de paix, le juge ordinaire en matière musulmane, et, du cadi, un juge d'exception. Ces deux décrets régissent actuellement le Tell Algérien, et comme ils sont l'objet de certaines critiques, ils méritent une étude spéciale.

Les juges de paix connaissent de toutes affaires civiles ou commerciales entre indigènes, à l'exception : 1º des questions d'état ; 2º des questions de successions qui sont réservées au cadi ; 3º des contestations immobilières, quand elles ont pour objet un immeuble déjà soumis à la loi française.

Cependant le juge de paix est compétent pour trancher l'action en partage des immeubles dont la propriété a été constatée par application de la loi du 26 juillet 1873 ; mais, quand ils ont été partagés une première fois, il échappent définitivement au régime d'exception et à la compétence du juge de paix.

Pour toutes les matières qui ne sont pas expressément réservées au cadi ou au tribunal de première instance, le juge de paix, en matière musulmane, est le juge ordinaire, et sa juridiction est obligatoire ; mais de plus, pour les matières réservées au cadi, l'incompétence du juge de paix n'est que relative, et ne peut plus être invoquée par les parties, si elles ont comparu devant le magistrat sans décliner sa compétence.

Telle est, dans ses grandes lignes, l'économie de la nouvelle organisation de la justice musulmane. Cette organisation a-t-elle réalisé un progrès ? Les indigènes ont-ils à se féliciter de leurs nouveaux juges ?

Il est incontestable que les magistrats français offrent des garanties de probité professionnelle, d'indépendance et de culture intellectuelle que les magistrats musulmans n'offrent pas tous au même degré.

Cette expression courante « le Cadi m'a mangé » exprime la plainte de tout plaideur musulman qui perd un procès. Je n'ai jamais entendu un indigène accuser de vénalité un juge français. En outre, il est rationnel de faire rendre la justice (ce qui est l'exercice d'un droit de souveraineté) aux citoyens et aux sujets par des magistrats français. Ceux-ci apportent, dans l'interprétation des problèmes juridiques, des habitudes de prudence, une méthode de sage critique, une largeur de vue qui font défaut aux cadis. La loi musulmane, comme toutes les lois, comporte, en certaines matières, diverses interprétations ; la plus large, la plus philosophique, la plus rationnelle, la plus compatible avec la loi française sera toujours celle que choisira le magistrat français qui est affranchi de toute préoccupation d'école et de religion.

Mais, pour appliquer judicieusement la loi d'un peuple, il ne suffit pas de connaître les codes qui l'ont condensée, de posséder les textes qui la formulent ; il faut connaître encore les institutions de ce peuple, son histoire, ses traditions, ses mœurs, ses coutumes, sa religion et sa langue. A cette condition, le magistrat peut saisir la physionomie vraie des contestations, et appliquer en pleine connaissance de cause la règle générale, c'est-à-dire la loi, au fait particulier qui lui est soumis, c'est-à-dire au litige. Si, au contraire, la connaissance approfondie de l'état social du justiciable lui fait défaut, il court le risque de rendre des sentences qui froissent les intérêts des deux parties.

Les juges de paix, ai-je entendu dire quelquefois, n'ont besoin que de connaître superficiellement la loi musulmane ; des notions élémentaires leur suffisent, puisqu'aux termes de l'art. 2 des décrets des 10 septembre 1886 et 17 avril 1889, les musulmans résidant en Algérie, et non naturalisés, son trégis par la loi française pour tous les litiges qui n'intéressent ni leur statut personnel, ni leurs successions, ni ceux de leurs immeubles dont la propriété n'est pas établie conformément à la loi du 26 juillet 1873 ou par acte administratif, notarié ou judiciaire. Tout ce qui concerne la famille, la religion, échappe à la loi française et au juge de paix, En quoi celui-ci aurait-il besoin de connaître la loi musulmane ?

Le texte des décrets répond lui-même à cette objection, puisque
le 2me paragraphe du même article dispose qu'en matière personnelle et mobilière, le juge tiendra compte dans l'interprétation des
conventions, dans l'appréciation des faits et dans l'admission de
la preuve, des coutumes et usages des parties. Comment en
tiendra-t-il compte s'il ne les connait pas ?

Le serment est un mode de preuve des plus importants en droit
musulman ; c'est un acte essentiellement religieux dont la loi
étudie avec un soin minutieux les modalités et les conditions
d'admissibilité. Déférer le serment, en la forme musulmane, aux
indigènes, en dehors des conditions précises requises par la loi,
c'est leur demander de commettre un péché. Aussi il arrive
souvent que les parties en cause, sacrifiant leurs intérêts à leurs
scrupules, se refusent l'une et l'autre à prêter le serment déféré (1).
Ce fait ne démontre-t-il pas qu'il est indispensable que le juge
ait une connaissance réelle du droit musulman ?

En matière réelle entre Arabes, Kabyles, Ibadites ou Musulmans
étrangers, la loi ou la coutume applicable est celle de la situation
des biens (art. 5, décret du 17 avril 1889). Comment appliquer
une loi, une coutume qu'on ne connaît pas ?

Il faut encore ne pas oublier qu'aux termes de l'article 7,
2me paragraphe du même décret, les parties peuvent, d'un commun
accord, saisir le juge de paix des litiges réservés au cadi et que cet
accord est réputé établi si le défendeur a, soit fourni ses défenses,
soit demandé un délai pour les produire, soit laissé prendre jugement contre lui. Cette juridiction facultative s'applique spécialement aux matières du statut personnel. Le juge a donc parfois (les
exemples sont nombreux) à statuer, conformément à la loi musulmane, sur des questions d'état très délicates, telles que : nullités
de mariage, divorce, répudiation, désaveu, etc.

On a si bien compris que la connaissance de la loi musulmane
est d'une grande importance, que le décret du 9 octobre 1882
exige des candidats aux fonctions de notaire ou de greffier, le
diplôme de coutumes indigènes. On ne le demande pas de ceux

---

(1) Si les arabes considèrent le serment more arabico, comme un acte d'une grande importance, ils considèrent au contraire le serment qu'ils prêtent en la forme française comme
n'ayant aucune portée. Quelques-uns font exception à cette règle, mais ils sont peu nombreux,
et l'on ne saurait se douter du nombre de faux témoignages produits en justice devant nos
magistrats. Le serment, sous la forme religieuse, offre seul des garanties.

qui sollicitent une nomination dans la magistrature algérienne. Pourquoi? Il serait injuste de soumettre des magistrats déjà en fonctions, qui comptent des années d'excellents services, à passer de nouveaux examens parce qu'une réforme législative étend leur compétence, ou accroît leur juridiction. Leur expérience du droit et des choses algériennes est un sûr garant qu'ils sont au courant des mœurs et des usages et sont à même de rendre, en matière musulmane, une justice éclairée. En est-il de même des débutants magistrats pleins de droiture, de dévouement et de savoir, mais de qui l'on ne peut, en conscience, exiger la connaissance d'un droit qui ne compte aucune chaire dans les facultés de France.

On peut dire que les tribunaux sont appelés, quelquefois en France et plus souvent encore en Algérie, à appliquer entre étrangers le statut personnel qui les régit ; qu'ils ont toujours rendu en ces matières des jugements éclairés et ont su trouver, dans les ouvrages spéciaux, les connaissances qui leur manquaient.

Les juges de paix peuvent en faire autant.

Cet argument me touche médiocrement. Les législations européennes sont civiles et échappent à l'influence religieuse. Elles procèdent toutes des mêmes principes rationnels ; elles se sont fait des emprunts réciproques. Les codes qui les résument, sont écrits dans des langues qui sont familières à un très grand nombre de français. Dans tous les lycées on enseigne l'allemand, l'anglais, l'italien et l'espagnol. Les bibliothèques des tribunaux renferment le plus souvent des études et des ouvrages traitant des droits étrangers. Il faut remarquer encore que devant les tribunaux de première instance et devant les cours d'appel, ce sont des avocats, des avoués, c'est-à-dire des spécialistes, qui représentent les parties. Ils sont habitués à fouiller dans les bibliothèques, ils peuvent se procurer des publications spéciales, et au besoin demander des consultations à leurs confrères étrangers. Cette étude contradictoire que font devant le tribunal, les conseils des parties, a pour résultat de réunir les documents et de discuter tous les éléments d'appréciation. Devant les juges de paix, rien de semblable. Les musulmans comparaissent en personne ou assistés d'un parent, d'un oukil ; ils ne déposent pas de conclusions écrites et parlent une langue que le plus souvent le juge ne comprend pas. L'étude du droit musulman offre d'autant plus de difficulté qu'il n'a aucun point de contact avec le nôtre et que le premier devoir de qui l'étudie, est de faire abstraction de ce qu'il sait en droit français, et de se garder des analogies apparentes. Enfin, les ouvrages publiés sur le droit musulman sont encore peu nombreux. Aussi, quand le juge ne sait où puiser les renseignements dont il a besoin, il est obligé de recourir par correspondance à l'expérience d'un collègue, ou de s'en rapporter aux indications que lui donne l'interprète.

Ces inconvénients sont bien moindres aujourd'hui, qu'au lendemain du décret du 10 septembre 1886. Cinq ans se sont écoulés, les juges de paix se sont mis à l'étude avec courage, ils ont beaucoup appris et sont aujourd'hui à hauteur de leur tâche. Des erreurs cependant ont été commises. Elles ont été habilement exploitées par le personnel de certaines Mahakmas. Adels, bachadels, oukils, candidats aux magistratures musulmanes, tous se sont sentis menacés, dans leur influence, dans leurs profits, dans leur avenir. Sous couleur d'intérêt public, ils ont défendu leur intérêt personnel. Quelques unes de leurs critiques ont éveillé les susceptibilités des justiciables musulmans, et provoqué le procès de l'organisation actuelle.

Les décrets des 10 septembre 1886 et 17 avril 1889 ont réalisé un progrès ; les abroger serait une faute. Il serait plus sage de tenir compte des imperfections qu'a signalées leur mise à exécution et de les amender.

A mon humble avis le décret du 17 avril 1889, comporte quelques modifications de détails en ce qui concerne : 1° la juridiction des juges de paix ; 2° la procédure ; 3° le taux de l'appel.

On donnerait satisfaction aux critiques formulées par les indigènes, si l'on supprimait la compétence facultative des juges de paix en matière de statut personnel et de succession. Toute contestation en matière de dot devrait également leur être enlevée. En droit français les questions de dot, de régime matrimonial sont indépendantes du contrat reçu par l'officier de l'état-civil, et ne présentent pas le caractère d'une question d'état. En droit musulman il n'en est pas ainsi. La dot constitue un des éléments essentiels à la validité du contrat. Sans dot, pas de mariage ; on ne peut discuter les modalités et la validité de la dot, sans discuter le mariage.

Supprimer la compétence facultative ne porterait pas une sensible atteinte à l'économie du décret du 17 avril 1889, et pour les raisons que j'ai développées plus haut faciliterait singulièrement la tàche des juges de paix.

L'art. 52 du décret me parait comporter une modification qu j'ai entendu réclamer par plusieurs indigènes. Le 2me paragraphe de cet article est ainsi conçu : Si les successions comprennent à la fois des meubles et des immeubles ou si elles sont purement immobilières, il sera procédé aux opérations de compte, liquidation et partage par les soins des notaires français ou des greffiers-notaires, sans distinction entre ces derniers, qui devront se conformer, pour leurs opérations, aux prescriptions du droit musulman. Les droits successoraux seront établis conformément aux prescriptions du droit musulman.

J'applaudis sans réserve au principe qui a inspiré cet article. Le législateur a voulu qu'un titre français présentant les garanties d'authenticité, de clarté propres aux actes notariés, constatât les transmissions d'immeubles par voie successorale, et fit de ces immeubles des immeubles français, soumis à l'avenir à la loi française. Le but poursuivi est excellent ; le moyen employé pour l'atteindre est défectueux.

Comment le notaire parviendra t-il à connaître exactement la famille du *de cujus*, la filiation des membres qui la composent ? Comment constatera-t-il l'identité des femmes ? N'oublions pas que l'état civil des indigènes n'est pas encore et ne sera pas de longtemps établi partout ; que les renseignements qu'il donnera seront incomplets tant que les répudiations définitives, qui dépendent d'un caprice du mari, ne seront pas soumises à un mode de constatation les portant à la connaissance de l'officier de l'état-civil.

La famille musulmane est fermée. Recueillir les renseignements qui la concernent, est chose toujours difficile à l'officier public français, toujours facile à l'officier public musulman. En définitive, c'est toujours au cadi que le notaire sera obligé, pour aboutir, de demander les actes de notoriété contenant les éléments de la liquidation. On donnerait satisfaction à tous les intérêts en réservant spécialement au cadi le droit d'établir la liste, l'état civil, la filiation, l'identité, les qualités, en un mot, des ayants-droit à la succession, et de déterminer la quotité numérique moitié, tiers, quart, etc., revenant à chacun d'eux dans cette succession.

Ce travail préliminaire serait déposé dans l'étude du notaire qui, le prenant pour point de départ de ses opérations, ferait à chacun des ayants droit l'attribution matérielle, effective, de la part divise lui revenant dans chaque immeuble. Il serait utile encore d'exiger, tant que la réforme de la propriété ne sera pas accomplie, qu'un plan figurant les parts divises attribuées à chaque ayant droit, soit annexé à la minute du notaire.

Quand les immeubles sont impartageables en nature, la vente sur licitation soit devant le notaire, soit devant le tribunal devrait être précédée des mêmes opérations préliminaires accomplies par le cadi.

J'ai encore à proposer une restriction à la compétence des juges de paix. La connaissance des actions commerciales intéressant les musulmans devrait leur être enlevée pour être soumise au droit commun.

Les questions de religion sont étrangères aux constatations commerciales. Les règles du droit commercial sont internationales de leur nature et, dans leur interprétation, on s'inspire autant des principes généraux d'équité que des dispositions du droit positif.

Les musulmans seraient mal venus, quand ils se livrent au commerce, à se réclamer du droit musulman. Le principal instrument de crédit, c'est la lettre de change ; c'est le billet à ordre que la loi musulmane proscrit comme illicite. Les arabes qui souscrivent des effets de commerce renoncent, par le fait même, à la loi musulmane et se soumettent implicitement à la loi française. Quelle bonne raison peut-on invoquer pour les soustraire aux conséquences de cette acceptation tacite, et, par conséquent, à la juridiction de droit commun, à la loi commune aux commerçants.

Serait-ce une question d'économie ? La procédure en matière commerciale est rapide, simple et peu coûteuse, qu'elle soit suivie devant un tribunal consulaire, un tribunal de première instance ou le juge de paix à compétence étendue. Qui dit : commerce, dit : crédit. Tout commerçant doit présenter des garanties de solvabilité, une surface ; dans ces conditions, pourquoi le législateur témoignerait-il au commerçant musulman, une bienveillance qu'il n'éprouve pas en faveur du commerçant français ? En réduisant les frais de justice de l'un, sans réduire ceux de l'autre, il constitue au profit du premier une prime, et porte atteinte au libre jeu de la concurrence. Négociants indigènes et négociants européens, jouissent des mêmes avantages. Pourquoi ne seraient-ils pas soumis aux mêmes charges. Remarquons encore que l'entretien d'une famille française est plus coûteux que l'entretien d'une famille arabe.

Il est une autre considération sur laquelle je tiens à appeler l'attention. C'est en suivant les audiences commerciales, que le commerçant peut se rendre compte de la situation et de la solvabilité de ses clients. Ce mode d'information est aussi légitime qu'efficace, pourquoi les négociants arabes y échapperaient-ils pour un certain nombre de leurs affaires.

On serait malvenu à prétendre que l'Indigène ne fait que le petit commerce de détail. Plusieurs arabes ont à Tlemcen des magasins bien achalandés, brassent des affaires importantes et jouissent, à bon droit, d'un crédit considérable ; d'autres, il est vrai, ont su faire des faillites dont le passif excède plusieurs centaines de mille francs. L'un d'eux même, très fin de siècle, prenant un égal souci des affaires de ce monde et de celles de l'autre, a su se soustraire aux poursuites de ses créanciers et assurer le salut de son âme, en faisant un pèlerinage à la Mecque.

De la Procédure organisée par les décrets des 10 septembre 1886 et 17 avril 1889

Aux termes des art. 27 et 33 du décret du 17 avril 1889, tous les avis ou avertissements donnés aux parties sont remis à personne ou à domicile par l'aoun. C'est là une innovation qui ne me paraît pas heureuse. Les aouns sont nommés, suspendus ou révoqués par M. le Procureur Général (art. 14) ils sont placés sous sa surveillance directe (art. 27) ; ce sont là des garanties réelles, mais insuffisantes. Quelles sont les conditions réglementaires de capacité et de moralité ? Quels sont les mérites qui font préférer un candidat à un autre ? Tout est abandonné au hasard des présentations.

Aux termes de l'art. 32, quand deux avertissements successifs ont été adressés au défendeur et qu'il ne comparaît pas, il est rendu jugement et ce jugement n'est pas susceptible d'opposition.

Comme on le voit, la suppression d'un avertissement peut avoir de graves conséquences. Les aouns remplissent les fonctions d'huissiers, pourquoi ne pas les laisser aux huissiers français ? Est-ce une raison d'économie ? Si oui, est-on bien certain qu'elle soit justifiée ? Qu'on attribue aux huissiers en matière musulmane le tarif criminel ; que l'on autorise, pour éviter les transports coûteux, les brigadiers de gendarmerie à distribuer, pour certaines localités, les avertissements, et les frais seront loin d'être augmentés. Par contre les divers actes de la procédure seront constatés par exploit régulier émané d'un officier public ayant qualité pour recevoir des déclarations et des aveux. Les indications de date et de lieu seront précises. Ce sont là des avantages précieux qui font défaut à la procédure des aouns.

C'est rendre, en outre, un mauvais service aux juges de paix, que de les entourer d'agents indigènes. Chargé de leur surveillance, il n'a aucun moyen de l'exercer efficacement, utilement. Si l'on veut relever l'influence des juges de paix, accroître leur autorité morale aux yeux des justiciables musulmans, il est indispensable que les plaideurs ne puissent, en aucun cas, le rendre moralement responsable des fautes des agents subalternes.

Il me reste à examiner un dernier point. Le taux de l'appel, en matière musulmane, est de cinq cents francs. Ce chiffre me paraît beaucoup trop élevé. La procédure d'appel organisée par les décrets des 10 septembre 1886 et 17 avril 1889 est simple, rapide, peu coûteuse. Faciliter les appels n'entraîne aucun inconvénient et offre au contraire des avantages incontestables. Les magistrats des tribunaux de première instance ont une connaissance approfondie du droit musulman. Dans chaque tribunal, un des juges est tenu de faire un rapport sur l'affaire. Les titres, les conclusions sont soigneusement étudiés, examinés. Il est donc bien difficile qu'erreur échappe à la sagacité des juges d'appel. Ce sont là des garanties dont il est imprudent de priver, dans une aussi large mesure, le plaideur musulman qui se plaint de ne pas les rencontrer toujours en justice de paix.

J'avoue même qu'en matière française, je ne verrais aucun inconvénient à ce que le taux de l'appel, pour les jugements rendus par les juges de paix à compétence étendue, soit abaissé à deux cents francs.

J'arrive au terme de la tâche que je me suis imposée, et j'espère que ceux qui voudront bien me lire seront convaincus qu'il est prudent de renoncer à poursuivre, par voie législative, l'assimilation des Indigènes. On ne pourrait le tenter sans violer les engagements pris et les promesses faites ; sans éveiller les susceptibilités religieuses et sans provoquer le fanatisme musulman. Que le Parlement se hâte aussi de déclarer qu'il ne songe pas à naturaliser les Indigènes. Cette question leur cause de vives inquiétudes. Le droit civil, je crois l'avoir démontré, n'existe pas pour le Musulman ; toutes les prescriptions du Koran sont d'origine divine. Renoncer par la naturalisation à quelques unes d'entre elles, c'est abandonner une partie de la religion ; c'est se rendre coupable d'apostasie partielle.

J'ai passé toute ma vie auprès des Arabes, et suis heureux de compter parmi eux quelques amis. Ils m'ont fait part bien souvent de leurs craintes et de leurs espérances. Qu'on se garde de porter imprudemment atteinte à la foi religieuse, et de patronner officiellement ou officieusement des tentatives de prosélytisme chrétien, si l'on veut dissiper les méfiances des Indigènes et leur faire faire un premier pas vers nous.

Que le Gouvernement se désintéresse le plus possible de tout ce qui a trait au culte musulman ; qu'il laisse à l'Islam sa liberté et son indépendance ; qu'il réprime par contre, sur le champ, et sévèrement, toute excitation à l'insurrection, et surveille de près les agissements des sociétés secrètes et leurs relations avec l'étranger ; qu'il assure aux populations musulmanes sécurité et justice ; et le Temps, ce grand maître, fera insensiblement son œuvre d'apaisement, de concorde et de rapprochement. Les colons contribueront pour leur large part à ce résultat ; car c'est les connaître mal et les juger peu clairvoyants que de les croire animés d'une haine aveugle et féroce contre l'arabe. Ils savent que, de fort longtemps encore, ils ne pourront se passer de la main-d'œuvre indigène pour la culture de leurs terres et la conduite de leurs troupeaux. La banlieue des villes algériennes de l'intérieur est cultivée en grande partie par des Indigènes et c'est à eux que les propriétaires de Tlemcen demandent des piocheurs pour leurs vignes, des jardiniers et des bergers. On compte parmi les arabes de bons ouvriers qui ont, hélas, le grave défaut de ne travailler que s'ils sont surveillés. Abandonné à lui-même, le plus consciencieux se relâche et se laisse aller à une apathie pour ainsi dire constitutionnelle.

La ferme du colon est la meilleure école. C'est là que le plus grand nombre des Indigènes qui parlent le Français ou l'Espagnol, l'ont appris ; c'est là que laboureurs, jardiniers et vignerons ont fait leur apprentissage.

Pendant la famine de 1866 on a constaté, par des chiffres, qu'auprès des agglomérations européennes, le fléau avait été moins cruel et les victimes moins nombreuses. Elles se sont ouvertes à tous les mendiants, et quelquefois non sans imprudence, les portes des colons. Ils ont largement donné. Ils ont tort de l'oublier, ceux qui aujourd'hui accusent les colons de sacrifier la race arabe à leurs instincts de lucre et de rapacité.

Si l'on examine les budgets des communes qui comptent une population européenne importante, on constatera que plus l'élément européen est compact, plus la part d'impôt municipal payée par chaque européen est lourde et plus est faible la part de chaque indigène. Cependant, dans les grandes villes, l'arabe trouve une sécurité assurée, un bien être et des ressources plus considérables qu'en territoire de tribus. Cette situation meilleure et privilégiée, à quoi la doit-il, si ce n'est au contact bienfaisant du groupement européen.

Pour mettre un terme à l'antagonisme qui semble exister sur certains points entre les colons et les arabes, on n'a qu'à rechercher et mettre rigoureusement en pratique les moyens d'assurer la sécurité des personnes et le respect des propriétés.

Il faut avoir le courage de le dire pour qu'on le sache et qu'on y porte remède. La répression des crimes n'est ni assez rapide, ni assez sévère. On ne parvient pas à fermer l'accès du territoire à tous les évadés de Cayenne. Pour réaliser quelques mesquines économies, on marchande aux officiers de police judiciaire les moyens d'action ; on ne crée point les brigades de gendarmerie nécessaires, et l'on ne songe pas à organiser, en Algérie, une police de sûreté exerçant ses investigations sur tout le Tell. La police des champs est insuffisante. Caïds et gardes-champêtres indigènes mettent peu d'empressement à constater les dégâts faits par leurs troupeaux, ou ceux de leurs parents, aux récoltes du colon voisin. Les déprédations journalières, les vols incessants de récoltes ou de bestiaux, irritent le colon isolé. S'il parvient à connaître les délinquants et à les faire condamner il se crée des haines qui ne désarment plus ; s'il se résigne, il voit sa propriété compromise et ses efforts stérilisés. Ce sont ces faits, qui se reproduisent trop souvent autour des fermes isolées, qui provoquent la colère du colon et expliquent, dans une certaine mesure, des explosions d'animosité et de violence.

La question de la sécurité est surtout une question d'argent et d'organisation. Le jour où la sécurité, si longtemps promise, sera enfin assurée, les principales causes d'irritation disparaîtront et les questions indigènes seront plus faciles à résoudre.

Je me suis permis, non sans avoir le sentiment de mon insuffisance, de déposer mon témoignage. La Commission sénatoriale pourra inaugurer pour notre colonie une ère nouvelle si elle veut bien déléguer quelques uns de ses membres pour procéder sur place, dans les moindres villages, à une enquête patiente et approfondie. Elle tiendra à honneur de ne pas faire moins que M. le comte Le Hon, sénateur de l'Empire. Si elle se livre à cette enquête, elle acquerra cette conviction : que les Français d'Algérie ont été calomniés et qu'ils demandent pour les Indigènes ce qu'ils demandent pour eux-mêmes : Liberté, Justice et Sécurité.